T0126522

LA VÉRITABLE HISTOIRE

Collection
dirigée
par
Jean Malye

LA VÉRITABLE
HISTOIRE
DE CICÉRON

Textes réunis et commentés
par
Claude Dupont

LES BELLES LETTRES

2013

www.lesbelleslettres.com

Retrouvez Les Belles Lettres sur Facebook et Twitter.

© 2013, Société d'édition Les Belles Lettres
95, boulevard Raspail 75006 Paris.
www.lesbelleslettres.com

ISBN : 978-2-251-04016-5

À Jean-Pierre Saladin,
mon collègue au lycée de Montargis

Dans le corps du texte, les textes en italiques sont de Claude Dupont et ceux en romains sont d'auteurs anciens, excepté pour les annexes.

Les dates s'entendent avant J.-C. sauf cas indiqués.

À la fin du traité De la République, *Cicéron imagine que Scipion l'Africain, le vainqueur d'Hannibal, apparaît en songe à son descendant Scipion Émilien, qui détruisit Carthage et Numance :*

Quand bien même la postérité, les générations futures, succédant sans cesse à d'autres générations, voudront transmettre à ceux qui viendront après elles le renom de chacun de nous, les révolutions du globe, déluges, embrasements qui reviennent périodiquement, parce que telle est la loi, ne permettent pas que nous puissions obtenir, je ne dis pas même une gloire éternelle, mais une gloire de longue durée.

Que t'importe d'ailleurs que les hommes parlent de toi, alors que ceux qui sont nés avant toi t'ont ignoré ; et ils l'emportent par le nombre et certainement par la qualité. Alors surtout que même entre tous ceux de qui l'on pourrait apprendre notre nom, il n'en est pas un qui en garde le souvenir une seule année. [...]

C'est pourquoi si tu pouvais désespérer de revenir en ce lieu[1], où tout est fait à souhait pour les grands hommes, les hommes vraiment supérieurs, de quel prix la gloire humaine serait-elle, cette gloire dont la durée comprend à peine une petite partie d'une année ? Veux-tu diriger tes regards vers le haut, contempler ce séjour, cette demeure éternelle ? Ta pensée n'ira pas aux discours du vulgaire ; les récompenses dont les hommes disposent ne seront pas l'objet de ton

---

1. Au-delà de l'éther, là où est le séjour des âmes.

ambition ni le fondement de tes espérances ; il faut que la vertu, par son charme propre, te porte vers la beauté vraie. Ce que les hommes pourront dire de toi, c'est leur affaire ; certes, ils feront des discours, mais toutes leurs paroles jamais ne franchiront les limites étroites de cette enceinte que tu vois, elles ne pourront donner à personne un renom qui dure toujours : il est périssable comme sont périssables les hommes, il s'éteindra dans l'oubli de la postérité.

La République, 6, 22-23.

L'ENFANT D'ARPINUM

Marcus Tullius Cicéron est né à Arpinum[1], dans le Latium, en 106 av. J.-C., la même année que Pompée[2].

On dit que [sa] mère, Helvia, fut d'une naissance et d'une conduite honorable. Quant à son père, on n'a pu recueillir sur lui que des appréciations extrêmes : les uns disent qu'il naquit et fut élevé dans l'atelier d'un foulon ; les autres font remonter l'origine de sa race à Tullius Attius, qui régna chez les Volsques avec éclat et mena contre les Romains une guerre vigoureuse.

Plutarque, *Vie de Cicéron*, 1, 1 et 2

Parlant de son père, Cicéron n'évoque aucune de ces hypothèses.

Notre père [...] par suite de sa faible santé, y[3] a passé presque toute son existence au milieu de ses études littéraires.

Traité des Lois, 2, 1, 3

Son père était chevalier. Tullius était le nom de famille. Cicéron, le surnom.

Le mot « cicer » désigne en latin le pois chiche, et sans doute le premier qui fut ainsi appelé avait-il au bout du nez

---

1. Arpinum était un municipe du pays des Volsques, situé à 120 kilomètres au sud-est de Rome.
2. Voir p. 18 et *La véritable histoire de Pompée*, Les Belles Lettres, Paris, 2011.
3. À Arpinum.

une petite fente qui ressemblait au sillon d'un pois chiche et qui lui valut ce surnom.

Plutarque, *Vie de Cicéron*, 1, 4

Toute sa vie, Cicéron sera fier d'être un « homme nouveau » dans une République romaine dominée par les familles nobles.

En m'élisant questeur parmi les premiers, édile devant mon concurrent, préteur en tête, et tout cela à l'unanimité, le peuple romain attribuait ses honneurs à ma personne, non à ma race, à mon caractère, non à mes ancêtres, à ma valeur éprouvée, et non à une noblesse connue par ouï-dire.

Contre Pison, 1, 2

Il ne reniera jamais cette appartenance à l'ordre équestre.

[Chevaliers], vous savez que je suis né parmi vous et que je vous ai toujours été tout dévoué… Chacun s'attache à tels hommes ou à tel ordre ; moi, c'est toujours à vous que j'ai été attaché.

Pour C. Rabirius Postumus, 6, 15

Cicéron est très attaché aussi à sa ville natale.

Tu vois cette maison qui, dans son état actuel a été reconstruite avec une certaine élégance par notre père qui l'affectionnait […] c'est sur le même emplacement, alors que mon grand-père vivait, et que la maison était petite, à l'ancienne mode […] c'est là que je suis né.

Aussi y a-t-il un je-ne-sais-quoi qui reste caché au fond de mon cœur qui fait que cet endroit me charme peut-être plus qu'il ne convient.

Traité des Lois, 2, 1, 3

Il se plaira à évoquer :

Cette contrée qui est la nôtre, si rude, montagneuse, loyale, sincère, dévouée aux siens...

Pour Cn. Plancius, 9, 22

Arpinum était un municipe, c'est-à-dire une ville qui participait aux droits de la Cité romaine tout en se gouvernant par ses propres lois, en élisant ses magistrats. Cicéron sera passionnément romain, sans jamais renier sa ville d'origine.

De même nous considérons comme patrie celle où nous sommes nés aussi bien que celle qui nous a accueillis. Mais il est nécessaire que celle-là l'emporte dans notre affection, par laquelle le nom de « République » est le bien commun de la cité entière. C'est pour elle que nous devons mourir [...]. Mais la patrie qui nous a enfantés ne nous est guère moins douce que celle qui nous a accueillis. C'est pourquoi jamais je n'en viendrai à lui dénier le nom de ma patrie, encore que l'une soit plus grande et que l'autre soit renfermée dans la première.

Traité des Lois, 2, 2, 5

Arpinum est associé aux grands événements familiaux.

C'est à Arpinum, de préférence à tout autre endroit, que j'ai remis à mon cher fils sa toge blanche[4], et mes compatriotes m'en ont su gré.

À Atticus, 9, 19, 1

4. À dix-sept ans, les jeunes Romains recevaient la toge virile. Cette prise de toge marquait leur accession à la citoyenneté et faisait l'objet d'une cérémonie familiale.

En novembre 44, quand on craint une marche d'Antoine sur Rome, c'est Arpinum qui apparaît comme le havre naturel.

Je viens à Rome ou je reste ici ? Ou bien chercherais-je refuge à Arpinum qui est un endroit sûr ?

À Atticus, 16, 8, 2

Toute sa vie, il n'hésitera jamais à intervenir en faveur de sa ville et de ses concitoyens.

J'ai toujours constaté que tu veillais attentivement à ne rien ignorer de ce qui me concerne ; aussi ai-je la certitude que tu sais à quel municipe j'appartiens et aussi avec quelle sollicitude je ne cesse de protéger mes compatriotes d'Arpinum.

Ad Familiares, 13, 11, 1

Il loue volontiers l'état d'esprit qu'on y rencontre.

Il faut approuver, il faut, dirais-je même, aimer cet esprit de voisinage qui conserve la vieille coutume de l'obligeance réciproque et n'est pas teint des couleurs de la malveillance, n'a pas pris l'habitude du mensonge, demeure sans fard ni tromperie et n'a pas pris l'art de la dissimulation que l'on trouve aux environs de la Ville et même dans la Ville.

Pour Cn. Plancius, 9, 22

Il aimera accumuler les maisons de campagne.

Occupe-toi, je te prie [...] de ce que je t'ai demandé de me procurer et de ce qui te paraîtra convenir à ma propriété de Tusculum[5] [...]. Car cet endroit est le seul où je me repose de tous mes ennuis et de toutes mes fatigues.

À Atticus, 1, 5, 7

5. Petite ville du Latium.

Il aimait les orner abondamment d'œuvres d'art, et se montrait fort dépensier, ce qui lui valait parfois les remontrances de son ami Atticus, à qui il adresse cette lettre.

J'ai fait payer à L. Cincius 20 400 sesterces pour les statues en marbre de Mégare. [...] Tes hermès[6] en marbre pentélique[7] avec têtes en bronze, dont tu m'as parlé dans ta lettre, sont pour moi un vrai régal que je savoure d'avance. Aussi voudrais-je que tu me les envoies au plus tôt, et avec eux, en aussi grand nombre que possible, les statues et autres objets d'art qui te paraîtront convenir à l'endroit en question, à mes préférences, à ton goût si pur : surtout ce qui te semblera fait pour un gymnase et pour un xyste[8]. Car je suis là-dessus si emballé que je mérite bien ton aide, mais presque le blâme d'autrui.

À Atticus, 1, 8, 2

Marius, qui, après avoir vaincu les Cimbres et les Teutons, imposa une dictature violente en 87, était lui aussi originaire d'Arpinum. On remarquera que, bien que ne se situant pas du tout dans sa lignée politique, Cicéron fera souvent son éloge.

Où trouver personne qui soit plus grave, plus équilibrée, plus distinguée par la valeur, la sagesse, la conscience ?

Pour Balbus, 20, 46

6. À l'origine, statue du dieu Hermès, dont Mercure est l'équivalent romain. Un buste en hermès était un buste sculpté dont les épaules, la poitrine, et le dos sont coupés par des plans verticaux.

7. Montagne de l'Attique, entre Athènes et Marathon, célèbre par ses carrières de beau marbre blanc.

8. Galerie couverte d'un gymnase grec, où avaient lieu les exercices physiques pendant l'hiver.

Qu'on célèbre à jamais Marius, pour avoir, par deux fois, délivré l'Italie de l'occupation ennemie et des affres de la servitude[9].

Quatrième Catilinaire, 10, 21

C'est sans doute à Arpinum qu'il puisera cet attachement presque charnel à la terre, qu'il traduira parfois avec un lyrisme annonçant Virgile.

D'ailleurs ce n'est pas seulement le produit qui me plaît, c'est aussi la vigueur naturelle de la terre elle-même : quand son sein amolli et assoupli a reçu la semence épandue, il la retient d'abord à l'abri de la lumière [...] puis, quand il l'a tiédie par sa chaleur, il la fait éclater par sa pression, et en tire une herbe verdoyante, qui prenant appui sur les tiges de la racine, grandit peu à peu, se dresse en un chalumeau noueux et s'enferme en des étuis, comme si elle devenait pubère, enfin, elle s'en dégage et laisse échapper les grains de l'épi, en ordre régulier, que protège contre le bec des petits oiseaux le rempart de ses pointes.

De la vieillesse, 15, 51

9. Allusion à ses victoires sur les Cimbres et les Teutons.

DE LA PERSONNALITÉ

Il était de complexion fragile.

Il était maigre et décharné. Malade de l'estomac, il ne prenait qu'à peine, et tard dans la journée, un repas mince et léger. Sa voix était forte et bien timbrée mais rude et sans souplesse, et, comme elle s'élevait toujours aux tons les plus hauts par suite de la passion et de la véhémence de son débit, elle faisait craindre pour sa santé.

Plutarque, *Vie de Cicéron*, 3, 7

Il était également exact et minutieux dans tous les autres soins qu'il prenait de sa santé, à tel point qu'il s'imposait un nombre réglé de massages et de promenades. En ménageant ainsi sa constitution physique, il se garda à l'abri des maladies et acquit assez de force pour supporter les nombreuses et grandes luttes et tous les travaux qu'il eut à soutenir.

Plutarque, *Vie de Cicéron*, 8, 5

Cela ne l'empêchait pas d'apprécier, sans en abuser, les plaisirs de la vie, notamment les banquets conviviaux. Ces propos qu'il prête, dans son traité De la vieillesse *à Caton l'Ancien, ont évidemment une résonance personnelle.*

Pour ma part, j'aime les présidences de table créées par nos ancêtres, j'aime les paroles prononcées en buvant, selon la coutume antique, à partir du haut bout[1] ; j'aime les

---

1. Les dîneurs étaient répartis sur trois lits et passaient la coupe de gauche à droite. C'était sur le lit de gauche, « le lit haut » que se trouvaient les hôtes de marque.

coupes qui, comme dans le *Banquet* de Xénophon, « toutes menues, distillent le vin telles des gouttes de rosée » ; j'aime la fraîcheur en été et, inversement, le soleil ou le feu en hiver ; je maintiens ces usages [à la campagne] : chaque jour, je garnis ma table de voisins, et nous prolongeons les repas dans la nuit le plus avant possible par des conversations variées.

De la vieillesse, 14, 46

C'est un homme affable et accessible.

Tous les jours sa porte était assiégée d'autant de visiteurs qu'en valait à Crassus la richesse et à Pompée le prestige militaire, ces deux personnages étant les plus admirés et les plus grands des Romains.

Plutarque, *Vie de Cicéron*, 8, 6

La vie de famille joue un grand rôle dans sa vie. Il gardera des rapports très étroits avec son frère, Quintus, de quatre ans son cadet. Rentrant d'exil, en 58, dans son discours au Sénat, il lui rend un vibrant hommage.

Un frère unique, en qui j'ai trouvé le dévouement d'un fils, les conseils d'un père, une affection vraiment fraternelle, a réussi par son deuil, ses larmes et ses prières quotidiennes, à raviver le regret de ma personne et à rappeler le souvenir de mes exploits. Résolu, s'il ne m'avait recouvré par vos soins, à partager mon sort et à réclamer le même séjour pour vivre et mourir, il ne se laissa pourtant épouvanter ni par la difficulté de l'entreprise ni par son isolement ni par la violence et les traits des adversaires.

Au Sénat, 15, 37

Il aura toujours vis-à-vis de lui l'attitude protectrice du « grand frère », comme le souligne cet extrait d'une lettre à Atticus. Quintus

avait épousé Pomponia, la sœur d'Atticus, et le couple ne s'entendait
guère. Cicéron a été témoin un jour d'une scène de ménage, à l'occasion
d'un repas chez Quintus et en fait part à Atticus.

À notre arrivée, Quintus dit à Pomponia, le plus poliment
du monde :

– Invite ces dames à table, moi, je prendrai les enfants.

Il ne pouvait y avoir plus parfaite douceur, et non point
seulement dans les paroles, mais aussi dans les sentiments
et la physionomie. Mais elle, devant nous :

– Moi aussi je suis ici en invitée.

C'était, je pense, parce que Statius[2] l'avait précédée pour
s'occuper de notre déjeuner. Alors Quintus, s'adressant à
moi :

– Voilà ce que j'ai à supporter chaque jour.

Tu me diras : « Mais, voyons, est-ce chose si grave ? »
Oui grave, et c'est pourquoi j'en avais été moi-même ému :
il y avait dans sa réponse une acrimonie si déplacée ! […]
Le lendemain, [Quintus] m'a raconté qu'elle avait refusé
de partager son lit et qu'au moment de la séparation,
elle avait été telle que je l'avais vue. Pour conclure, je
t'autorise de lui dire que ce jour-là, à mon avis, elle a
manqué de cœur.

À Atticus, 5, 1, 3-4

Cicéron eut une affection particulièrement vive pour sa fille
Tullia. Il en parle toujours avec émotion. Ainsi, il évoque la
visite qu'elle lui a rendue à Brindes, en 49, après la bataille de
Pharsale.

Aucune de tes innombrables gentillesses ne m'a jamais
été plus agréable que les marques de tendresse et d'attention
que tu as prodiguées à ma chère Tullia. Elle en a été ravie,
et moi tout autant. Elle fait vraiment preuve d'une vaillance

2. Un affranchi de Quintus.

merveilleuse ; comme elle supporte le désastre public !
[...] Et quel courage lors de notre séparation ! C'est bien
là de l'amour filial, et une union très étroite. Cependant
elle veut que ma conduite soit sans faute et ma réputation
sans tache.

					À Atticus, 10, 8, 9

Il prend un soin attentif de son fils Marcus.

Je n'ai pas de peine à tenir mon propre garçon, qui est
le plus docile des êtres.

					À Atticus, 10, 11, 3

Il lui dédiera son traité philosophique Les Devoirs *où il lui
prodigue des conseils, en employant une méthode pédagogique peut-
être contestable.*

Tu portes sur toi une immense espérance de te voir
imiter mon activité, un grand espoir de te voir me suivre aux
magistratures, et quelque attente peut-être de te voir égaler
mon nom. [...] Aussi tout ce que tu peux fournir d'effort,
tout ce que tu peux obtenir à force de peine [...], fais-le pour
aboutir et ne pas t'exposer à paraître, alors que j'ai tout mis
à ta disposition, t'être fait défaut à toi-même.

					Les Devoirs, 3, 2, 6

*Mais après la mort de sa sœur Tullia, le jeune Marcus ne semble
pas tenir une grande place dans les préoccupations paternelles.*

Je t'affirme très sérieusement que mes modestes biens
me causent plus d'ennui que de plaisir ; car je suis plus
sensible à la peine de n'avoir personne à qui les transmettre
qu'à l'agrément d'en jouir.

					À Atticus, 13, 23, 3

Il faut dire qu'étudiant à Athènes, le jeune se signala davantage par ses désordres que par la qualité de ses études. Le père dut se consoler en apprenant que son fils, après l'assassinat de César, avait été un des premiers à répondre à l'appel de Brutus, qui levait des troupes pour défendre la République, et qui écrivait à Cicéron...

Cicéron, ton fils s'acquiert si bien son estime par son activité, son endurance, ses efforts, sa noblesse de cœur, bref l'accomplissement de tous ses devoirs, qu'il paraît bien ne pas perdre un instant de vue de qui il est le fils. Aussi puisque je ne puis faire que tu estimes davantage l'être qui est pour toi le plus cher, accorde à mon jugement la faveur de croire que ton fils n'aura pas à exploiter ta gloire pour atteindre les honneurs de son père.

À Brutus, 2, 3, 6

Le mariage de Cicéron avec Terentia se terminera par un divorce tardif, alors qu'il aura soixante ans. Pourtant, leurs rapports témoignaient d'une certaine tendresse. Sur la route de l'exil il lui adresse de pathétiques appels.

Puis-je te demander de me rejoindre, pauvre femme malade, à bout de force et de courage ? Ne pas te le demander ? Rester privé de ta présence ? [...] Une chose est certaine, sache-le bien ; c'est que, si je t'ai auprès de moi, je ne me croirai pas tout à fait perdu.

Ad Familiares, 14, 4, 3

Cicéron eut aussi, à un très haut degré, le sens de l'amitié.

Ils privent l'univers de soleil, ceux qui privent la vie d'amitié ; les dieux immortels n'ont rien mis de meilleur qu'elle en notre possession, rien de plus agréable.

De l'amitié, 13, 47

Ce culte de l'amitié le conduit même à assouplir les maximes de droiture morale qu'il professe souvent.

Si jamais quelqu'un se trouve appelé à prêter son appui aux désirs d'amis qui respectent trop peu la justice, mais engagent par là leur liberté ou leur réputation, il doit s'écarter un peu du droit chemin, à la condition de ne pas encourir de déshonneur.

De l'amitié, 17, 61

Son ami le plus cher fut Atticus, un riche chevalier, très cultivé, adepte de l'épicurisme, qui, à la différence de Cicéron, se tint soigneusement à l'écart de la vie politique.

Je n'ignore rien de ta noblesse de sentiments et de ta grandeur d'âme, et je n'ai jamais pensé qu'il y eût entre nous d'autre différence que celle de l'orientation de nos vies : une certaine ambition m'a conduit à rechercher les honneurs ; d'autres idées, qui sont fort loin de mériter le blâme, t'ont conduit à d'honorables loisirs. Mais, pour ce qui est du vrai mérite, celui qui réside dans la probité, la conscience, le sentiment du devoir, je ne mets ni moi ni personne au-dessus de toi ; et pour la façon de m'aimer, si je laisse l'affection de mon frère et des miens, je te donne la première place. [...] En un mot, que je travaille ou me repose, que je sois en affaires ou de loisir, au Forum ou chez moi, dans ma vie publique ou privée, je ne saurais me passer plus longtemps de tes conseils et de ton entretien, où je goûte tout le charme de la plus exquise amitié.

À Atticus, 1, 17, 5-6

Vis-à-vis des autres, il sait faire preuve de compréhension et d'indulgence, notamment à l'égard de la jeunesse.

Laissons à l'âge quelques coudées franches ; que l'adolescence ait un peu de liberté ; ne refusons pas tout au plaisir ; ne donnons pas toujours le dessus à la raison sévère et rigide ; laissons parfois la passion et le plaisir l'emporter sur la raison. [...] Enfin, lorsque [la jeunesse] aura cédé aux plaisirs et qu'elle aura donné quelques moments aux divertissements de son âge et à nos frivoles passions de l'adolescence, qu'elle écoute un jour enfin l'appel sérieux des affaires domestiques, judiciaires et publiques.

Pour Caelius, 18, 42

Ce qui ne l'empêche pas de rappeler les exigences auxquelles doit se soumettre celui qui veut devenir un grand orateur.

Il faut refouler toutes les passions, renoncer au goût du plaisir, laisser de côté passades, badinage, banquets et presque les conversations avec les amis. C'est ce travail qui rebute ici et qui détourne de l'étude, bien loin que ce soient le talent ou la formation du jeune âge qui fasse défaut.

Pour Caelius, 19, 46

Il témoigne le plus souvent d'une grande humanité. Il ne peut, par exemple, supporter la morgue d'un Verrès.

Pouvons-nous maintenant mettre en doute le ton d'impudence qu'il prenait dans ses rapports avec des hommes qui lui étaient inférieurs par leur naissance, par leur autorité, par l'ordre auquel ils appartenaient, avec les campagnards des municipes, enfin avec les hommes de l'ordre des affranchis qu'il n'a jamais voulu considérer comme des hommes libres ?

Seconde action contre Verrès, 48, 127

Il n'aime pas les jeux du cirque.

Mais quel plaisir peut éprouver un homme cultivé à voir un pauvre diable déchiré par un fauve puissant, ou un magnifique animal transpercé d'un épieu ?

Ad Familiares, 7, 1, 3

Son humanité s'étend à tous les êtres.

Et ce n'est pas seulement une obligation de celui qui commande à des alliés et à des citoyens, mais aussi de celui qui commande à des esclaves, à des animaux privés de la parole, de se dévouer aux intérêts, au bonheur de ceux qu'il gouverne.

À Quintus, 1, 1, 24

Il semble même parfois s'en excuser.

Un jeune esclave, fort gentil, qui était mon lecteur, Sosisthée, vient de mourir, et j'en ai plus de chagrin qu'on n'en devrait, semble-t-il, avoir pour la mort d'un esclave.

À Atticus, 1, 12, 4

Il revient souvent sur le fait que pour sauver la République, il a dû faire preuve d'une dureté qui n'était pas conforme à sa nature.

La nature m'a fait sensible à la pitié ; la patrie m'a contraint à la sévérité, mais ni la patrie, ni la nature n'ont voulu que je fusse cruel. […] La patrie, pour peu de temps, a réclamé la sévérité ; la nature, pour toute ma vie, exige l'indulgence et la douceur.

Pour P. Sylla, 3, 8

Cette douceur de tempérament n'excluait pas une causticité dans les propos. Les historiens anciens, notamment Plutarque et Cornélius Nepos, citent nombre de ses traits d'esprit.

Cette facilité qu'il avait pour le sarcasme et la plaisanterie était regardée comme un mérite et un agrément de ses plaidoyers, mais il en usait à satiété, blessant ainsi beaucoup de gens et s'attirant une réputation de méchanceté.

Plutarque, *Vie de Cicéron*, 5, 6

Il reconnaît lui-même qu'il aime les plaisanteries, et il apprécie particulièrement l'esprit « du terroir » romain, qui a tendance à s'altérer.

Pour ma part, j'adore les plaisanteries, mais surtout celles de chez nous, et davantage encore en voyant qu'elles ont été fardées d'abord par le Latium, à l'époque où le goût provincial s'est répandu dans notre Ville, et, de nos jours, même par les peuples transalpins porteurs de braies[3], si bien qu'on n'aperçoit plus trace de l'enjouement d'autrefois.

Ad Familiares, 9, 15, 2

Le défaut qui est le plus souligné chez lui est la vanité.

Cependant le plaisir extraordinaire qu'il prenait aux louanges et sa passion excessive pour la gloire lui restèrent jusqu'à la fin et troublèrent souvent en lui maints calculs de la droite raison.

Plutarque, *Vie de Cicéron*, 6, 5

Certains vont même plus loin, comme en témoigne l'extrait d'une lettre souvent attribuée à Brutus, le meurtrier de César.

Pourvu qu'il ait sous la main des gens qui lui procurent ce qu'il veut, qui lui prodiguent égards et compliments, il ne rejette pas la servitude, du moins accompagnée d'une marque d'honneur.

À Brutus, 1, 17, 4

Cicéron ne nie pas ce goût de la louange. Mais il y voit un penchant naturel chez les hommes.

Nous sommes tous attirés par l'amour de la louange, et ce sont les meilleurs qui se laissent le plus guider par la

---

3. Population gauloise.

gloire. Les philosophes eux-mêmes, jusque dans ces opuscules qu'ils écrivent sur le mépris de la gloire, ne laissent pas d'inscrire leur nom ; là même où ils font fi de la publicité et de la notoriété, ils veulent qu'on parle d'eux et qu'on les nomme.

Pour le poète Archias, 11, 26

L'appétit pour la gloire est même une vertu de l'homme d'action.

À coup sûr, si l'âme ne pressentait rien pour l'avenir et si les frontières qui tiennent enclos l'espace de la vie servaient aussi de limites à toutes ses pensées, l'homme ne s'épuiserait pas à de si rudes labeurs, il ne se tourmenterait pas dans tant de soucis et de veilles, il n'exposerait pas si souvent jusqu'à sa vie. Mais chez tous les êtres d'élite réside certaine énergie virile qui nuit et jour stimule l'âme de l'aiguillon de la gloire.

Pour le poète Archias, 11, 29

LES ANNÉES DE FORMATION

106-80

Cicéron fut un écolier surdoué.

Lorsqu'il fut en âge d'apprendre, il montra les plus brillantes dispositions et acquit parmi les enfants tant de renom et de gloire que leurs pères venaient souvent à l'école pour voir de leurs yeux Cicéron et pour vérifier les éloges que l'on faisait de sa promptitude à s'instruire et de son intelligence.

Plutarque, *Vie de Cicéron*, 2, 2

Très tôt, il est attiré par l'art oratoire.

Tous ceux des orateurs qui passaient pour les meilleurs exerçaient des charges publiques et, presque tous les jours, je les entendais dans les assemblées [...]. Je m'astreignais à travailler avec ardeur, chaque jour lisant, écrivant, traitant des sujets, sans me borner d'ailleurs à des exercices exclusivement oratoires.

Brutus, 89, 305

Il acquiert une solide culture générale.

Je passais beaucoup de temps à étudier le droit civil auprès de Quintus Scaevola[1] [...]. À la même époque, le chef de l'Académie[2], Philon, ayant fui Athènes, à cause de la guerre de Mithridate, et étant venu à Rome, je me livrai

1. Q. Scaevola était un jurisconsulte de grande notoriété.
2. École philosophique, qui avait été créée par Platon.

à lui tout entier [...]. Je pris aussi des leçons de Molon de Rhodes, à la fois excellent avocat et maître d'éloquence.

Brutus, 89, 306-307

Il avait d'autres cordes à son arc.

En avançant en âge, [Cicéron] aborda divers genres de poésie, et fut considéré comme le meilleur, non seulement des orateurs, mais aussi des poètes romains.

Plutarque, *Vie de Cicéron*, 2, 4

Il est vrai que Plutarque ajoute :

Mais, si la gloire qu'il acquit par ses discours dure encore jusqu'à nos jours en dépit du grand changement qu'a subi l'éloquence, il arriva, en raison des nombreux poètes de grand talent qui parurent après lui, que sa poésie sombra entièrement dans l'oubli.

Plutarque, *Vie de Cicéron*, 2, 5

Le premier discours que nous avons conservé est le Pour P. Quinctius, *un plaidoyer portant sur un litige financier. En 81, Cicéron a vingt-cinq ans. Depuis le milieu du* IIe *siècle, la lutte des classes s'est exacerbée à Rome. En 88, Sylla entre à Rome avec ses troupes.*

Cette armée de citoyens fut la première qui entra dans Rome comme dans une ville ennemie. Depuis cet événement, on ne cessa point de voir intervenir les légions dans les débats des séditieux. Rome fut désormais continuellement livrée à des invasions, à des combats devant ses murs, à toutes les autres calamités de la guerre, sans que nulle pudeur, nul respect pour les lois, pour la République, pour la patrie, en imposassent à ceux qui faisaient usage de la violence.

Appien, *Guerres civiles*, 1, 7, 60

En 88 et 87, profitant du départ de Sylla, parti guerroyer contre Mithridate, Marius et Cinna, favorables aux « populaires », c'est-à-dire aux plébéiens, exercent une dictature sanglante. En 86, revenu d'Orient, Sylla établit à son tour un pouvoir personnel, marqué par de nombreuses proscriptions et des massacres. Renforçant le pouvoir des nobles, c'est-à-dire la classe sénatoriale, il leur attribue l'ensemble du pouvoir judiciaire, et limite considérablement les attributions des tribuns de la plèbe. Dans son plaidoyer en faveur de Quinctius, Cicéron, fils de chevalier, ne manque pas d'égratigner l'arrogance d'une noblesse ainsi favorisée par Sylla.

Suivant l'habitude des personnages de la noblesse, quelque projet bon ou mauvais qu'ils aient conçu, ils ont, dans le bien et dans le mal, une telle supériorité qu'aucun homme de notre condition ne saurait y atteindre.

Pour P. Quinctius, 8, 31

Mais l'année suivante c'est son plaidoyer pour Roscius Armerinus qui va faire remarquer le jeune avocat. Un riche citoyen du municipe d'Ameria[3], en Ombrie, a été assassiné, avec l'aide d'un affranchi influent de Sylla, Chrysogonus. Des membres de la famille du défunt réussirent à s'approprier la fortune de Roscius, en accusant le jeune Sextus Roscius, le fils de la victime, d'avoir assassiné son père. Roscius bénéficiant de la protection de grandes familles romaines, on pouvait s'attendre à ce qu'il soit défendu par un « ténor du barreau ». Mais il fallait mettre en cause un puissant affranchi du dictateur. Et compte tenu du climat qui régnait à Rome, nul ne s'y risquait. Et c'est un avocat de vingt-six ans presque inconnu qui se lève, et parle avec audace.

J'imagine votre étonnement, juges : comment se fait-il qu'en présence de tant d'orateurs du plus grand talent, des hommes de la plus haute noblesse et qui restent assis, ce soit moi plutôt qu'eux qui se soit levé ? Moi qui n'ai ni l'âge ni

3. Aujourd'hui Amelia.

le talent ni l'autorité pour me pouvoir comparer à ceux qui siègent ici. Tous ces hommes, vous le voyez bien, en effet, apportent leur soutien dans ce procès : ils sont convaincus qu'il faut assurer une défense contre une injustice machinée par des manœuvres criminelles inouïes, mais ils n'osent pas assurer eux-mêmes cette défense en raison des temps difficiles que nous vivons. Voilà pourquoi ils sont présents, parce qu'ils accomplissent leur devoir d'assistance, mais ils se taisent pour la bonne raison qu'ils ne veulent pas prendre de risques. [...] Quelle est donc la raison qui m'a poussé, moi, plutôt que les autres, à me charger de la défense de Sextus Roscius ? C'est la conviction que si l'un de ceux qui le soutiennent, hommes d'une autorité et d'un prestige très éminents, prenait la parole et s'il parlait de l'État, ce qui, dans ce procès, est inévitable, on considérerait qu'il dit beaucoup plus de choses qu'il n'en dirait. En revanche, si, moi, je dis franchement tout ce qu'il y a à dire, mon discours à la différence du leur, ne pourra nullement sortir d'ici pour se répandre dans le public. Et puis, il y a qu'aucune de leurs paroles ne peut rester ignorée, en raison de leur noblesse et de leur prestige, et qu'on ne leur permettra aucune approximation, en raison de leur âge et de leur compétence. Mais moi, si je parle avec un peu trop de franchise, ou bien personne n'y prêtera attention parce que je n'ai pas encore fait mes premiers pas dans la vie publique, ou bien on pourra le pardonner à ma jeunesse encore que, dans notre cité, on ait perdu non seulement l'idée de pardonner, mais jusqu'à la pratique d'enquêter.

Pour Sextus Roscius, 1, 3

Cicéron, dans ce discours, déploie beaucoup d'habileté. Il défend son client en évoquant les valeurs proprement romaines, que confère le travail de la terre, par opposition aux mœurs de débauche de la ville.

Pour les appétits, quels peuvent-ils être chez l'homme qui, comme l'accusateur lui en a fait le reproche, a toujours

habité la campagne et a consacré sa vie à cultiver ses terres ?
C'est le mode de vie le plus éloigné de la convoitise et le
plus proche du sens du devoir.

Pour Sextus Roscius, 14, 39

Habileté aussi pour tenter de dissocier Sylla de son affranchi.

Tout cela, juges, s'est fait, je le sais bien, à l'insu de Sylla.
[…] Comme lui seul dirige tout, comme il est partagé entre
tant de si importantes affaires au point de n'en pouvoir
respirer librement, rien de surprenant, donc, que quelque
chose lui échappe, d'autant qu'il y a bien des gens pour épier
le temps où il est occupé et guetter le moment d'inattention
qui leur sera favorable à mettre en œuvre des machinations
du genre de celle qui nous occupe. Quelque Bienheureux[4]
qu'il soit, pourtant personne ne peut jouir d'un bonheur tel
qu'à la tête d'une grande domesticité, il n'ait aucun esclave
ni aucun affranchi malhonnête.

Pour Sextus Roscius, 8, 22

*Habileté encore dans l'appel à la noblesse pour qu'elle rompe avec
une dictature qu'elle a soutenue jusqu'ici et pour qu'elle rétablisse
un État de droit.*

C'est pour cela que la noblesse, dont on attendait tant,
a reconquis l'État par les armes et par le fer, pour que les
affranchis et les mauvais esclaves des nobles puissent, selon
leur bon vouloir, attenter à nos biens, à notre fortune, à notre
vie ? Si c'est cela qu'on a fait, j'avoue que j'ai été fou, pour
avoir partagé leurs idées ; même si je n'ai pas pris les armes,
juges, j'ai partagé leurs idées[5]. Mais si la victoire des nobles

---

4. Ironie de Cicéron sur ce surnom attribué à Sylla.
5. Le jeune Cicéron n'avait pas pris part à la guerre civile mais avait
ressenti douloureusement, lors de la dictature de Marius, le meurtre de

doit être une gloire et un avantage pour l'État et le peuple romain, alors il faut que mon discours soit très agréable à tous les meilleurs et les plus nobles des citoyens.

Pour Sextus Roscius, 49, 141-142.

Son appel à la noblesse se double d'une menace. Qu'elle prenne garde de ne pas survivre à la dictature de Sylla.

S'ils commettent ou se font les complices, par leur approbation[6], de ces crimes, de ces brigandages, de tant de dépenses énormes [...] je dis simplement ceci : les nobles de notre cité, s'ils ne sont vigilants, bons, courageux, compatissants, devront inévitablement céder les attributs du pouvoir à des hommes qui ont ces qualités.

Pour Sextus Roscius, 48, 139

Et le discours s'achève sur un très bel appel au retour à l'esprit d'humanité, qui a fui Rome depuis trop longtemps. Cicéron aura souvent l'occasion de manifester ainsi son humanisme.

Il convient que des hommes sages, revêtus de l'autorité et du pouvoir qui sont les vôtres, s'appliquent à soigner très énergiquement les maux dont l'État souffre le plus gravement. Personne d'entre vous ne peut fermer les yeux sur le fait que le peuple romain, qui avait jadis la réputation d'être le plus miséricordieux à l'égard de ses ennemis, est malade, dans les temps que nous vivons, d'une cruauté qui s'exerce sur lui-même. Arrachez-la de notre cité, juges, cette cruauté, ne tolérez pas qu'elle infecte plus longtemps la vie publique ; sa nocivité ne consiste pas seulement en ce qu'elle est responsable de la disparition de tant de citoyens

personnages très estimés, tel le Grand Pontife Scaevola. Il avait alors espéré que le retour de Sylla allait rendre l'État aux citoyens.

6. Allusion à ceux des nobles qui ont profité de la dictature de Sylla et des proscriptions pour s'enrichir comme, par exemple, Crassus.

dans des conditions particulièrement atroces, mais en ce qu'elle a aussi effacé toute miséricorde chez les hommes les plus naturellement cléments, par accoutumance aux actes de méchanceté.

Pour Sextus Roscius, 53, 154

Ce procès, qu'il gagna, resta cher au cœur de Cicéron, comme il le rappelle, trente-six ans après.

Mais ce sont surtout les défenses qui engendrent la gloire et le crédit, et ils sont d'autant plus considérables s'il arrive parfois que l'on secoure un homme visiblement traqué et opprimé par la puissance de quelque grand, comme je l'ai fait bien d'autres fois et, tout jeune, à l'encontre de la puissance de L. Sylla, qui régnait en maître, en faveur de Sextus Roscius d'Amérie.

Les Devoirs, 2, 14, 51

Il avait en tout cas conscience que ce plaidoyer l'avait lancé.

Aussi mon premier plaidoyer dans une affaire criminelle, celle de Sextus Roscius, eut-il tant de succès que désormais il n'y eut pas une seule cause qui parût être au-dessus de mes capacités.

Brutus, 312

Il est sûr que le courage et l'indépendance d'esprit dont fit preuve à cette occasion Cicéron lui valurent une popularité qui explique en partie les résultats électoraux brillants qu'il connut par la suite.

SES DÉBUTS EN POLITIQUE

80-64

Après un séjour en Grèce où il suit des cours de philosophie en perfectionnant son art oratoire, il rentre à Rome en 78, année de la mort de Sylla. En 75, il est élu questeur[1] à l'unanimité.

Nommé questeur à un moment où le blé manquait, et désigné par le sort pour la Sicile, il déplut d'abord aux habitants en les forçant d'envoyer du blé à Rome. Mais ensuite, quand ils eurent éprouvé son zèle, son équité et sa douceur, ils l'honorèrent plus qu'ils ne l'avaient fait jusque-là pour aucun magistrat.

Plutarque, *Vie de Cicéron*, 6, 1

C'est sans doute pour cela que les Siciliens lui demandent de les assister dans le procès qu'ils intentent à Verrès en 70. Propréteur en Sicile de 73 à 70, Verrès avait multiplié les violences et les rapines les plus honteuses. Cicéron s'attaque à une partie difficile. Verrès est noble, et est défendu par Hortensius, le grand nom du barreau, qui sera consul en 69. Après une première action, où Cicéron produisit des témoignages écrasants, Verrès préféra s'exiler. Cicéron ne put donc prononcer les quatre discours prévus pour la seconde action. Mais il les publia et ils connurent un immense succès. Cette « affaire Verrès » fut décisive pour sa carrière professionnelle et politique. Cicéron précise avec vigueur le véritable enjeu : le procès de Verrès risque de devenir celui de la classe sénatoriale tout entière, à un moment où, après le départ de Sylla, deux de ses réformes essentielles sont

---

1. Sur les magistratures dans la République romaine voir page 237.

remises en cause : l'affaiblissement de la puissance tribunicienne, et le monopole de l'exercice, par les nobles, du pouvoir judiciaire.

Voici une affaire, où vous rendrez un jugement sur un accusé, où vous serez vous-mêmes jugés par le peuple romain ; la décision qui sera prise à propos de cet homme établira si, alors que les sénateurs exercent le pouvoir judiciaire, un homme très coupable et très riche peut être condamné. [...] Je présenterai des faits de telle nature, des faits si notoires, si attestés, si graves, si manifestes, que personne ne pourra s'efforcer d'obtenir de vous à force de crédit qu'il soit absous. [...] Depuis que les actions judiciaires sont constituées selon le régime dont on use aujourd'hui, jamais magistrat n'a été assisté d'un conseil[2] où se soient trouvés la dignité et l'éclat qui vous entourent. Pour peu que ce conseil bronche, l'opinion générale sera que ce n'est plus dans le même ordre qu'il faudra aller chercher des hommes plus capables, – car il serait impossible d'en trouver – mais que c'est absolument dans un autre ordre[3] qu'il faudra aller chercher ceux qui doivent juger les affaires.

Première action contre Verrès, 16, 47-49

Subtilement, Cicéron veut se présenter, non en accusateur de l'ordre sénatorial, mais en homme d'apaisement, qui veut donner aux nobles l'occasion de se réconcilier avec le peuple. Il est toutefois sans illusion sur l'état d'esprit des nobles dans cette affaire.

Et, dans le moment présent, on ne peut trouver un meilleur moyen de salut pour la République : que le peuple romain se rende compte qu'après une soigneuse récusation des juges par l'accusateur, les alliés, les lois, la République, peuvent être puissamment défendus par un conseil du préteur

2. Verrès bénéficiait de l'appui de la plupart des grands noms de la noblesse romaine.
3. C'est-à-dire la classe des chevaliers, l'ordre équestre.

composé de membres de l'ordre sénatorial. [...] Je me suis présenté dans cette cause pour apaiser la malveillance dont les instances judiciaires sont l'objet, pour anéantir le blâme qu'on leur adresse. J'ai voulu que, cette affaire ayant été jugée suivant les désirs du peuple romain, il pût paraître que ma diligence avait contribué en quelque chose à établir l'autorité des instances judiciaires et qu'enfin le jugement, tel qu'il serait rendu, pût établir une fois pour toutes un terme à la dispute sur le pouvoir judiciaire.

Seconde action contre Verrès, 2, 4, 5

Il convient aussi de réconcilier le peuple romain avec ses alliés : c'est une grande tradition du peuple romain que prétend retrouver Cicéron.

Aux temps les meilleurs de notre cité, les hommes les plus illustres regardaient comme leur fonction la plus magnifique et la plus belle de préserver de toute injustice leurs hôtes et leurs clients, les nations étrangères qui étaient dans l'amitié et sous la domination du peuple romain, et de défendre leurs situations.

Discours contre Q. Caecilius, 20, 66

En l'occurrence, le sentiment d'humanité se concilie avec l'intérêt de la République.

[Les Siciliens] doivent-ils encore supporter jusqu'au bout tant de dommages et tant de pertes qu'on leur fait subir avec les plus graves injustices et les plus graves outrages ? Aussi, juges, ce qu'ils n'ont pu souffrir en aucune manière, ils ne l'ont pas supporté jusqu'au bout. Toutes les terres arables, dans la Sicile tout entière, ont été désertées et abandonnées par les propriétaires. [...] Nos plus anciens alliés et les plus fidèles, les Siciliens, fermiers et cultivateurs du peuple romain, doivent, grâce à votre sévérité et à votre diligence, revenir sous ma conduite et sous ma caution dans leurs champs et dans leurs demeures.

Le froment, 98, 228

Le procès Verrès marquera une étape décisive dans la carrière politique de Cicéron, qui vient d'être élu édile. D'abord, parce qu'elle lui trace une ligne de conduite. Il sera désormais le champion de la lutte contre la corruption, un mal endémique de la République.

Puisque l'ordre sénatorial tout entier est opprimé par l'improbité et par l'audace de quelques-uns de ses membres, puisque l'infamie des actions judiciaires pèse péniblement sur lui, je me déclare l'accusateur acharné des hommes de cette espèce, je déclare que je serai leur adversaire haineux, assidu, violent. C'est la charge que j'assume, c'est l'honneur que je réclame, c'est l'acte que j'accomplirai au cours de ma magistrature, que j'accomplirai du haut de cette tribune d'où le peuple romain a voulu qu'à partir des calendes de janvier[4] il me fût donné de traiter avec lui des affaires publiques et de l'improbité des citoyens. Voilà, je m'y engage, le spectacle le plus magnifique et le plus beau que mon édilité offrira au peuple romain. C'est un avertissement que je donne, une déclaration que je fais, une règle de conduite que j'annonce d'avance : que ceux qui ont coutume de mettre de l'argent en dépôt, d'accepter de l'argent, d'en garantir, d'en promettre, de corrompre les actions judiciaires en qualité de dépositaires d'argent ou d'entremetteurs, que ceux qui font profession d'employer dans ce but ou leur puissance ou leur impudence, que dans la présente action judiciaire tous ceux-là aient soin par leurs actes et par leurs intentions de se tenir éloignés d'un forfait si impie.

Première action contre Verrès, 12, 36

4. C'est-à-dire le 1er janvier.

Il ne manque pas de souligner qu'en menant son enquête sur place, il a déjà mis ces préceptes en application.

J'ai donné une preuve manifeste de ma réserve et de mes scrupules, quand, arrivant, [...] moi qui avais été questeur dans cette province, moi défenseur d'une cause commune à tous les Siciliens, j'ai préféré descendre chez ceux qui m'étaient unis par les liens de l'hospitalité et de l'amitié que chez ceux qui m'avaient demandé secours. Mon arrivée n'a causé à personne aucune gêne, aucune dépense, soit publique, soit privée.

Seconde action contre Verrès, 6, 16

Et surtout, elle permet à cet « homme nouveau » qu'est Cicéron de prouver qu'il peut rivaliser avec les nobles, et se réclamer, autant qu'eux, de l'héritage des grands aïeux.

Et après cela que notre brillante noblesse cesse de déplorer que le peuple romain confie et toujours ait confié volontiers les honneurs à des hommes nouveaux pleins d'activité. Il ne faut pas se plaindre, que dans notre État devenu le maître des peuples grâce au mérite personnel, ce soit le mérite personnel qui ait la primauté. Que d'autres possèdent chez eux l'image de Scipion l'Africain[5], que d'autres se parent du mérite et du nom de cet ancêtre disparu ; il fut un héros si grand, il a rendu de tels services au peuple romain, que ce n'est pas une famille entre toutes, mais la République tout entière qui doit l'avoir en recommandation. Cela me regarde personnellement, étant citoyen de cet État qu'il a rendu grand, illustre, fameux, surtout parce que je cultive de mon côté ces qualités où il est passé maître [...] et cette conformité dans les goûts et les manières d'agir établit

5. Scipion Nasica descendait de Scipion l'Africain, le prestigieux vainqueur de Carthage. Il était un des chefs du parti aristocratique et défendait Verrès. C'est à lui que s'adresse ici Cicéron.

entre les hommes des liens presque aussi étroits que cette communauté de race et de nom dont vous êtes si fiers.

Les œuvres d'art, 37, 80

Il peut même marquer son antipathie naturelle pour la noblesse :

Je n'ai pas le droit de vivre comme ces nobles de naissance qui reçoivent en dormant toutes les faveurs du peuple romain.

Les supplices, 70, 180

Mais ce procès révèle aussi les grandes qualités professionnelles de l'avocat. D'abord, un gros travail de terrain.

J'ai estimé devoir examiner et étudier la cause de la province dans la province elle-même. Quoi, je ne serais pas allé entendre les plaintes et les doléances des laboureurs parmi les moissons et les terres à blé elles-mêmes ? J'ai parcouru, au cours d'un hiver fort rigoureux, les vallées et les collines d'Agrigente. La célèbre plaine, si fertile, de Leontinoi m'a, presque à elle seule, appris toute la cause. Je suis allé dans les cabanes des laboureurs, les gens me parlaient les mains sur les mancherons de la charrue. Aussi ai-je exposé cette cause de telle manière que les juges avaient l'impression non pas d'entendre ce que je leur disais, mais de le voir et presque de le toucher. Il ne m'eût pas paru moral ni juste, alors qu'on me confiait la défense d'une province si fidèle et si ancienne[6], de m'instruire sur cette cause, comme si elle avait été celle d'un client isolé, en restant dans ma propre chambre.

Pour Aemilius Scaurus, 23

6. La Sicile fut la première province romaine, depuis 212, date de la prise de Syracuse.

Et lui, que l'on considère comme vaniteux, va sacrifier l'éclat d'un beau discours à l'efficacité d'une méthode inédite.

J'appellerai immédiatement les témoins. Mais – et c'est là, juges, que vous reconnaîtrez une innovation – je constituerai les témoins de manière à développer l'accusation tout entière ; dès que, par mon interrogatoire, par mes arguments, […] j'aurai établi un des points de l'accusation, j'en rapprocherai les témoignages qui s'y rapportent ; il n'y aura donc entre ce système nouveau d'accusation et celui dont on use d'ordinaire que cette différence : on a coutume de ne produire les témoins que lorsque tout a été dit ; ici, on les produira pour chaque fait, en donnant à nos adversaires la même faculté d'interroger, d'argumenter, de plaider.

Première action contre Verrès, 18, 55

UN DISCOURS EXEMPLAIRE :
« LES SUPPLICES »

C'était le dernier plaidoyer prévu par Cicéron, pour dénoncer les crimes de Verrès. Il donne un exemple admirable de la méthode cicéronienne, dans au moins deux registres : le mélange des genres et la progression dans l'appel à l'émotion. Le mélange des genres : on commence par l'évocation burlesque du gouverneur - général en chef. On pourra aussi souligner une habileté tactique : attaquer tout de suite sur l'argument principal de l'adversaire. Les avocats de Verrès voulaient en effet mettre en avant que Verrès avait bien défendu la Sicile contre les périls des guerres et des révoltes...

D'abord, dans la saison d'hiver, contre la rigueur du froid et la violence du mauvais temps et des torrents, voici le beau remède qu'il s'était inventé : il avait élu domicile à Syracuse dont la position et le climat sont tels, dit-on, que jamais, dans le plus grand désordre des éléments, aucun jour ne s'est passé sans qu'à quelque moment les hommes aient vu le soleil. C'est là que, pendant les mois d'hiver, notre excellent général vivait de telle manière que jamais personne ne le voyait aisément hors de son logis ni même hors de son lit. C'est ainsi que la courte durée du jour était remplie tout entière par des festins et la longueur des nuits par des débauches et des scandales.

Au début du printemps [...], il se livrait à la fatigue des marches : il y montrait tant d'endurance et d'activité que personne jamais ne le vit à cheval. En effet, suivant la coutume des rois de Bithynie[1], c'était sur une litière à huit

---

1. Pays situé au nord-ouest de la Turquie actuelle.

porteurs qu'il voyageait, appuyé sur un coussin en tissu de Malte, transparent, bourré de roses. [...] Puis, après avoir donné quelque moment à rendre la justice en sa chambre au poids de l'or, et non d'après l'équité, c'était alors à Vénus et à Bacchus qu'il croyait devoir consacrer le reste de son temps. [...] Et ces banquets avaient lieu non pas dans le silence qui sied aux préteurs et aux généraux du peuple romain [...], mais au milieu des cris les plus violents et du vacarme. [...] En effet, ce préteur austère et actif, lui qui n'avait jamais obéi aux lois du peuple romain, se pliait exactement à celles qui étaient établies pour la boisson. En conséquence, à la fin, l'un était emporté hors du banquet comme d'un champ de bataille entre les bras des esclaves ; l'autre était laissé pour mort ; beaucoup restaient étendus sans connaissance et privés de sentiment, si bien que, devant ce spectacle, tout assistant aurait cru voir non pas un banquet de préteur, mais la bataille de Cannes[2] de la débauche.

Les supplices, 10 - 11, 26-28

Puissant effet de contraste entre l'attitude d'un magistrat responsable et celle d'un magistrat indigne.

Nommé questeur, j'ai tenu cette charge non pour un don, mais surtout pour une dette et un dépôt. J'ai exercé la questure dans la province de Sicile avec la pensée que tous les yeux étaient fixés sur moi, avec l'opinion que ma questure et ma personne étaient comme en spectacle à l'univers ; [...] à présent je suis édile désigné [...]. Bien que ces honneurs accordés par le peuple me soient très agréables, [...] tous ces privilèges me causent cependant moins de plaisir que de souci et de peine, dans la pensée que cette édilité doit paraître non pas donnée à un candidat quelconque par nécessité,

---

2. En 216, Hannibal infligea aux Romains à Cannes, en Apulie, le plus grand désastre que la République ait jamais connu.

mais bien attribuée par le suffrage du peuple et placée en lieu sûr, parce que c'était une obligation morale.

Et toi, quand tu as été proclamé préteur [...], la voix du héraut[3], qui a publié tant de fois que les centuries des anciens et des jeunes te décernaient cet honneur, ne t'a pas réveillé, ne t'a pas fait penser qu'une partie de la République t'était confiée, que pendant cette année entre toutes tu ne devais pas fréquenter la maison d'une courtisane ? Quand le sort t'eut désigné pour rendre la justice, n'as-tu jamais réfléchi à la grandeur du service public dont la charge pesait sur toi ?

Les supplices, 14, 35 - 15, 38

Mais les pirates attaquent, et Verrès va envoyer contre eux une flotte affaiblie et désorganisée par l'impéritie et la cupidité du préteur. Brutalement, la bouffonnerie…

Pendant toute la durée de sa préture, notre consciencieux préteur n'a vu la flotte que le temps qu'elle a mis à longer le lieu de son très scandaleux banquet ; invisible lui-même depuis plusieurs jours, il se montra un moment, pourtant, aux yeux des matelots. Chaussé de sandales, revêtu d'un manteau de pourpre et d'une tunique tombant jusqu'aux talons, le préteur du peuple romain, appuyé sur une petite femme, se tint debout sur le rivage.

Les supplices, 33, 86

…cède la place au pathétique. Affamés, les malheureux matelots sont contraints de se nourrir de racines de palmiers sauvages.

Des soldats siciliens, les fils de laboureurs, dont les pères par leur travail arrachaient assez de blé pour la provision du

---

3. Le héraut proclamait le résultat après le vote de chacune des 193 centuries. Les anciens étaient les hommes de 45 à 60 ans ; les jeunes, ceux de 17 à 45 ans.

peuple romain et de l'Italie tout entière, des indigènes de l'île de Cérès[4], où pour la première fois, dit-on, poussèrent des céréales, ont eu donc recours à l'aliment dont leurs ancêtres, en inventant l'usage des céréales, ont détourné tous les autres hommes !

Les supplices, 38, 99

Puis, c'est la honte d'une défaite particulièrement ignominieuse.

Là, sous ta préture, de mauvaises barques de corsaires se sont promenées, là où seule, de mémoire d'homme, une flotte de trois cents vaisseaux athéniens est entrée grâce au nombre et à la force ; [...] Spectacle lamentable et cruel ! Livrer la gloire de Rome, le nom du peuple romain, toute une colonie, tout un peuple d'hommes les plus honorables en risée à un brigantin de pirates ! En plein port de Syracuse, laisser un pirate triompher de la flotte du peuple romain, tandis que jusque dans les yeux du préteur le plus lâche et le plus dépravé les rames des corsaires faisaient jaillir des éclaboussures !

Les supplices, 37, 98 ; 38, 100

Verrès est d'ailleurs souvent présenté plus comme une bête furieuse que comme un être humain.

Verrès s'élance soudain hors de son palais, tout allumé par le crime, la folie, la cruauté.

Les supplices, 41, 106

4. La Sicile était considérée comme le grenier à blé de Rome. La tradition faisait de la région d'Enna, particulièrement fertile, la résidence de Cérès.

Une autre fois :

Allumé par la pensée du crime et fou de colère, lui-même se rend au Forum. Ses yeux étincelaient ; la cruauté lui sortait par tout le visage.

Les supplices, 62, 161

Progression dans l'horreur : les officiers, innocents, sont condamnés à mort, rendus responsables d'une défaite dont ils ne peuvent mais, la faute en incombant à l'impéritie et à l'imprévoyance de Verrès.

Les condamnés sont enfermés en prison ; leur supplice est décidé ; les malheureux parents des capitaines le subissent : on leur défend de visiter leurs fils, on leur défend de porter à leurs enfants nourriture et vêtements ; ces pères que vous voyez étaient couchés sur le seuil de la prison, les malheureuses mères passaient toute la nuit devant la porte ; on les empêchait de voir une dernière fois leurs enfants. Elles ne demandaient qu'une chose, la permission de recueillir dans un baiser le dernier soupir de leurs fils.

Les supplices, 45, 117-118

Comble de l'horreur : il faut payer pour leur mort. Le licteur qui sera leur bourreau impose ses conditions.

Il y avait là le geôlier de la prison, le bourreau du préteur, le licteur Sextius, qui des gémissements et de la douleur de tous tirait un profit déterminé. « Pour entrer tu donneras tant. Pour introduire des vivres, ce sera tant. » Nul ne refusait. « Et pour que d'un seul coup de hache je donne la mort à ton fils, que donneras-tu ? Pour qu'il ne soit pas torturé longtemps ? Pour qu'il ne soit pas frappé de trop de coups ? Pour que la vie lui soit ôtée sans qu'il souffre ? » Même pour ce motif on donnait de l'argent au licteur. Ô profonde et insupportable douleur ! Ô lourde et cruelle condition ! Ce n'était pas la vie de leurs enfants, mais la promptitude de la mort que les parents étaient forcés d'acheter à prix d'or. Et ces jeunes hommes allaient jusqu'à traiter avec Sextius pour n'être blessés et frappés qu'une fois, et la dernière grâce qu'ils demandaient à leurs parents, c'était de payer le licteur pour abréger leur torture.

Les supplices, 45, 118-119

Au sommet de l'horreur, il y a encore un degré à franchir…

Que la mort du moins en soit le terme ! Non, ce ne sera point. Est-il donc encore un degré où la cruauté puisse monter ? On le trouvera ; car les corps des victimes frappées et tuées violemment à coups de hache seront exposés aux bêtes sauvages. Si les parents le déplorent, qu'ils rachètent à prix d'or la possibilité de les ensevelir.

Les supplices, 45, 119

Puis vient l'extension ultime dans le crime : contre tout droit, Verrès martyrise Gavius, un citoyen romain à Messine.

On tailladait à coups de verges un citoyen romain, juges, en plein forum de Messine et, pendant ce temps, dans la souffrance et sous le claquement des coups, le malheureux ne poussait ni un gémissement ni autre cri que ces mots : « Je suis citoyen romain. » En rappelant sa qualité de citoyen, il croyait fermement qu'il écarterait tous les coups et détournerait Verrès de le crucifier. Il ne réussit pas à éloigner la flagellation violente des verges, mais même lorsqu'il multipliait ses instances et se réclamait de son titre de citoyen, une croix, une croix, dis-je, était préparée pour comble de maux à cet infortuné qui n'avait jamais vu un fléau tel que Verrès.

Les supplices, 62, 162

Enfin c'est la crucifixion d'un citoyen romain, face aux côtes italiennes.

Aussi, juges, est-ce la seule croix qui, depuis la fondation de Messine, ait été dressée en ce lieu-là. Verrès a choisi une place en vue de l'Italie pour que Gavius, dans les douleurs et la torture de la mort, apprît qu'un bras de mer très étroit séparait le régime de l'esclavage et celui de la liberté, et pour que l'Italie vît son enfant livré au supplice le plus cruel et le plus infamant qu'on inflige aux esclaves.

C'est un attentat que d'enchaîner un citoyen romain, c'est un crime de le frapper, c'est presque un parricide que le faire périr de mort violente ; et le mettre en croix, comment qualifier cet excès ?

Les supplices, 66, 169

C'est le crime de trop. Cette fois, ce ne sont plus seulement les Siciliens que Cicéron défend, mais l'ensemble des citoyens romains.

Naguère, juges, la mort déplorable et révoltante des capitaines de vaisseaux nous faisait verser des larmes ; justement et à bon droit, nous étions touchés du malheur d'alliés innocents ; que devons-nous donc faire à présent, quand il s'agit de victimes de notre sang ? Car il faut estimer qu'il y va du sang de tous les citoyens romains en bloc ; ainsi le réclament le souci du salut commun et la vérité. Dans ce procès, tous les citoyens romains présents et les absents où qu'ils se trouvent ont besoin de votre sévérité, invoquent votre justice, font appel à votre protection : ce sont tous leurs droits, leurs intérêts, leurs appuis, toute leur liberté enfin qui à leurs yeux dépendent de vos décisions.

Les supplices, 77, 172

Devant tant d'inhumanité, le verdict des juges doit opérer une « catharsis », une purification qui ramènera l'ordre dans la cité et dans les cœurs. La péroraison de Cicéron claque comme un grand défi vis-à-vis de cette noblesse dont les privilèges exorbitants qu'elle avait reçus de Sylla sont désormais remis en cause.

Nous voyons quel vif sentiment de jalousie et quelle grosse haine de la part de certains nobles soulèvent le mérite et l'activité des hommes nouveaux[5]. […] Presque personne d'entre les nobles n'est favorable à nos efforts ; par aucun de nos bons offices nous ne pouvons gagner leur bienveillance ; comme s'ils étaient d'une nature et d'une race différente, ils sont séparés de nous par leurs sentiments et leurs tendances. Aussi quel danger à s'attirer l'hostilité de ceux dont les âmes sont hostiles et jalouses avant même que vous ayez encouru leur hostilité ?

Les supplices, 71, 181-182

Verrès condamné, Cicéron pourra retrouver sa vocation.

Que Verrès obtienne par votre arrêt la juste récompense de sa vie et de ses actions, que cette accusation entre toutes suffise à remplir mes devoirs envers la République et mes engagements envers les Siciliens et que désormais il me soit possible de défendre les gens de bien plutôt que nécessaire d'accuser les méchants.

Les supplices, 72, 189

5. C'est précisément le problème que rencontrera Cicéron dans toute la suite de sa carrière. Malgré tous ses efforts, il ne pourra jamais se concilier ni entraîner derrière lui la majorité des nobles des vieilles familles.

L'ORATEUR

Cicéron a été un orateur exceptionnel. Il en a d'ailleurs conscience.

Il est vrai que j'ai rendu quelque service à la jeunesse en lui apportant une élocution plus magnifique et éclatante qu'il n'en avait existé jusque-là ; mais peut-être lui ai-je rendu un mauvais service, en ce que les discours des anciens orateurs, depuis qu'on a les miens, ont cessé d'être lus je ne dis pas par moi (car je les mets au-dessus des miens), mais par le plus grand nombre.

Brutus, 32, 123

Il a laissé quatre traités consacrés à l'éloquence :

– De l'invention, *rédigé en 86, à vingt ans.*
– De l'Orateur, *en 55.*
– Brutus, *en 46.*
– L'Orateur, *en 46 également.*

Contrairement à Athènes, Rome n'avait pas de très grands orateurs.

Car je veux que l'on sache que dans une si grande et si ancienne République, où les plus brillantes récompenses ont toujours été proposées à l'éloquence, tous ont eu l'ambition de parler en public, assez peu ont osé le faire et peu en ont été capables.

Brutus, 49, 182

Notons que la plupart des plaidoiries que nous avons conservées n'ont pas été prononcées telles quelles devant les tribunaux, mais ont été réécrites pour être publiées. Certains de ses adversaires s'en gaussent, tel le sénateur Calenus, dans un discours que lui prête Dion Cassius.

Jamais tu ne parais devant les tribunaux qu'en tremblant, comme si tu devais combattre les armes à la main ; tu te retires après avoir prononcé quelques paroles rampantes et sans vie, ne te souvenant plus de ce que tu as étudié chez toi, et ne trouvant rien à improviser. [...] Crois-tu qu'aucun de nous n'ignore que nul de ces admirables discours publiés par toi n'a été prononcé et que tu les as écrits après coup, à l'exemple de ceux qui fabriquent des généraux et des maîtres de cavalerie en argile ?

Dion Cassius, *Histoire romaine*, 46, 2

C'est vrai que Cicéron est régulièrement victime du trac.

Chaque fois que se présente à mon esprit la pensée du moment où [...] il me faudra prendre la parole, non seulement mon âme s'émeut, mais un horrible frisson saisit tous mes membres.

Discours contre Q. Caecilius, 13, 41

C'est la rançon du talent.

Plus un orateur a de talent, plus il connaît les difficultés de l'art et l'incertitude d'un succès, plus il redoute de tromper l'attente des auditeurs.

De l'Orateur, 1, 26, 120

C'est une tâche bien difficile que celle de l'orateur.

Affronter les luttes du barreau est une terrible entreprise, et peut-être la plus rude que puisse tenter l'esprit humain. Là d'ordinaire, une foule ignorante apprécie le talent de l'orateur par l'issue victorieuse du procès. Là se présente un adversaire armé que vous devez frapper, repousser. Là, souvent aussi, le juge maître de votre sort est mal disposé, il est irrité, il est même l'ami de l'adversaire ou votre ennemi. Il vous faut l'instruire ou le détromper ou le retenir ou l'exciter, le gouverner par la parole en adaptant vos moyens aux circonstances et à la cause particulière [...]. Il faut, comme avec l'aide d'un ressort, le pousser en tous sens, à la sévérité, à la clémence, à la tristesse, à la joie. Il faut déployer toute la force de la pensée et toute la puissance de l'expression ; et à tout cela joindre encore une action variée et véhémente, pleine de force et de vie, pleine de pathétique, pleine de vérité.

De l'Orateur, 2, 17, 72

– La méthode de l'orateur

Dès son premier écrit, Cicéron avait constaté :

La nature n'a pas placé l'absolue perfection dans une seule créature.

De l'invention, 2, 1, 2

Il faut donc se livrer à un gros travail de compilation.

Si on prenait de chaque maître ce qu'il y avait de meilleur, on verrait parmi les hommes moins de présomption, moins d'entêtement dans l'erreur.

De l'invention, 52, 2

Cicéron fut un avocat très consciencieux.

Dès lors, ce fut une succession d'affaires nombreuses, où j'apportais des plaidoyers travaillés avec grand soin et comme ruminés dans mes veilles.

Brutus, 90, 312

Un orateur se forme comme un athlète. Adolescent malingre, Cicéron a reçu, lors de son séjour en Grèce, ce type de formation, en fréquentant, en Grèce et en Asie, les rhéteurs les plus renommés.

J'étais alors très maigre et très délicat de corps, avec un coup long et mince, complexion et apparences, qui ne sont pas loin d'être un danger de mort quand s'y ajoutent le travail et de gros efforts de poumons. Et cela inquiétait d'autant plus les personnes auxquelles j'étais cher, que dans mes discours je disais tout sans baisser le ton, sans varier mon débit, de toute la force de ma voix, et en faisant effort de mon corps tout entier. Aussi mes amis et les médecins me conseillaient-ils de ne plus plaider. [...] Lorsque deux ans après, je revins à Rome, j'étais non seulement mieux exercé, mais encore presque métamorphosé. Ma voix n'avait plus d'éclats exagérés et mon style avait comme fini de bouillonner ; mes poumons s'étaient fortifiés et mon corps avait acquis un embonpoint raisonnable.

Brutus, 91, 315

– *La nature de l'éloquence*

Dans l'apprentissage de l'art oratoire, il ne faut pas abuser de l'enseignement des techniques.

Si je disais que [la technique des rhéteurs] n'est d'aucun secours, je mentirais. Elle sert à guider, en quelque sorte, l'orateur, lui montrant où il doit tendre, afin que, les yeux fixés sur le but, il ne risque pas de s'égarer. Donc valeur réelle des préceptes, valeur toutefois limitée à mon sens ; et ce n'est pas pour les avoir suivis que les grands orateurs ont été grands. Mais ce que faisaient d'instinct les hommes éloquents, d'autres après eux l'ont observé, étudié avec soin. Aussi, ce n'est pas l'éloquence qui est née de la rhétorique, c'est la rhétorique qui est née de l'éloquence.

De l'Orateur, 1, 32, 145-146

C'est un « art dominateur », un art total.

Qu'y a-t-il de plus admirable que de voir, en face d'une immense multitude, un homme se dresser seul, et, armé de cette faculté que chacun a cependant reçue de la nature, en user comme il est seul alors, ou presque seul, en mesure de le faire ? Quoi de plus agréable pour l'esprit et pour l'oreille qu'un discours tout paré, embelli par la sagesse des pensées et la noblesse des expressions ? Quelle puissance que celle qui dompte les passions du peuple, triomphe des scrupules des juges, ébranle la fermeté du Sénat, merveilleux effet de la voix d'un seul homme !

De l'Orateur, 1, 8, 31

Mais l'orateur ne doit pas tirer un profit personnel de son art, il doit le mettre au service des innocents et de la patrie.

Nous cherchons un homme qui, mieux protégé par son titre d'orateur que par le caducée du héraut[1], s'avance en toute sûreté au milieu d'une troupe ennemie, dont l'éloquence, attaquant les coupables, livre le crime et la perfidie à l'indignation publique et au glaive des lois, dont le génie secoure l'innocence devant le tribunal et l'arrache à l'injuste châtiment ; un homme qui, si la nation s'engourdit, la réveille, et la rappelle au devoir, si elle glisse à l'erreur, la retire de l'ornière, qui l'enflamme contre les méchants, et, d'irritée qu'elle était l'adoucit en faveur des bons ; un homme enfin qui, selon que la circonstance ou la cause le demande, sache par sa parole soulever dans l'âme des auditeurs ou calmer à son gré les passions.

De l'Orateur, 1, 46, 202

1. Personnage dont la fonction était de porter les messages. Sa personne était sacrée et il portait le caducée, baguette de laurier ou d'olivier, surmontée de deux ailes et entourée de deux serpents entrelacés.

– Éloquence et culture

Un bon orateur doit avoir une solide culture générale.

Et voilà pour quelles raisons j'ai pu dire que, si l'on veut devenir un orateur accompli, la connaissance du droit civil s'impose comme une nécessité.

De l'Orateur, 1, 44, 197

L'histoire, enfin, témoin des siècles, flambeau de la vérité, âme du souvenir, école de la vie, interprète du passé, quelle voix, sinon celle de l'orateur, peut la rendre immortelle ?

De l'Orateur, 2, 8, 36

Bien parler n'est possible qu'à la condition de penser avec sagesse. Étudier la vraie éloquence, c'est donc étudier la sagesse, chose dont, même dans les plus grandes guerres, on devra convenir qu'il est impossible de se passer.

Brutus, 6, 23

Mais tout en exigeant une grande culture, l'éloquence, contrairement à la philosophie, s'adresse à tous, et il ne convient pas, à son propos, d'opposer le jugement des connaisseurs à celui du peuple.

Quand je parle au public, c'est l'approbation du peuple que je veux. Car l'orateur qui par son langage réussit à avoir l'agrément de la multitude, il est impossible qu'il n'ait pas aussi l'agrément des connaisseurs. En effet, ce qu'il y a de bon ou de mauvais dans un discours, je puis, moi, le discerner, si j'ai assez de sens critique et de compétence ; mais ce que vaut l'orateur, cela c'est aux effets produits par sa parole qu'on pourra s'en rendre compte.

Brutus, 49, 184

L'universalité du savoir était l'apanage des anciens orateurs, mais, depuis, une excessive spécialisation a abouti à un « démembrement » qui marque un déclin.

Aujourd'hui, ceux qui aspirent à obtenir les honneurs et à conduire les affaires se présentent généralement nus et sans armes, ne possédant ni culture, ni connaissances aucunes. S'en trouve-t-il un par hasard qui ait quelque valeur, il est transporté d'orgueil, s'il apporte un seul mérite spécial, soit la bravoure du soldat, soit une certaine pratique de la guerre, [...] soit la science du droit, [...] soit l'éloquence, qu'ils font consister en des éclats de voix et un flux de paroles. Mais, la solidarité, la parenté, qui unit toutes les belles connaissances et même toutes les qualités personnelles, c'est une chose qu'on ne connaît plus.

De l'Orateur, 3, 33, 136

– Éloquence et morale

Telle est cette puissance dont nous parlons, qui, embrassant l'ensemble des connaissances, traduit avec des mots les sentiments et les pensées de l'âme, de manière à entraîner l'auditeur du côté où elle applique son effort. Mais, plus sa puissance est grande, plus il faut que s'y joignent une haute probité et une sagesse exemplaire. À des hommes privés de ces vertus, donner les moyens de parler, ce n'est pas en faire des orateurs, c'est mettre en quelque sorte des armes aux mains de forcenés.

De l'Orateur, 3, 15, 55

L'éloquence a besoin d'un régime de paix et d'équilibre.

Ce n'est point quand on fonde les états, ni quand on fait la guerre, ni quand on est entravé par la souveraineté d'un roi, que naît d'ordinaire le goût de l'éloquence. C'est de la paix qu'elle est la compagne, du repos qu'elle est l'amie, d'une société bien régulière qu'elle est, pour ainsi dire, l'élève.

Brutus, 12, 45

Et Cicéron aime affirmer la supériorité de l'art oratoire sur l'art militaire.

Il fait plus d'honneur à notre peuple l'homme, quel qu'il soit […] qui non seulement a mis en lumière, mais encore a créé à Rome l'abondance oratoire, que ceux qui ont enlevé des bicoques liguriennes[2], bicoques dont la prise a été le prétexte de maints triomphes.

Brutus, 73, 255

Instruire et émouvoir sont les deux objectifs essentiels de l'orateur.

Les deux qualités principales de l'orateur sont, l'une de savoir présenter les choses avec précision pour instruire l'auditoire, l'autre d'avoir une action oratoire vigoureuse pour remuer profondément les âmes et l'effet produit est beaucoup plus grand par celui qui enflamme le juge que par celui qui l'instruit.

Brutus, 23, 89

Dans cet art d'émouvoir, Cicéron excellait.

Si nous étions plusieurs à parler, [mes collègues] me laissaient la péroraison, où je devais ma réputation d'exceller, non à mon talent, mais au sentiment que j'y mettais.

L'Orateur, 37, 130

2. La Ligurie était la région située en bordure du golfe de Gênes.

– L'éloquence et la mode

Pour les orateurs plus jeunes, l'éloquence de Cicéron n'est plus un modèle et l'on retrouve l'éternelle querelle des Anciens et des Modernes.

Il est facile de constater que, pour Cicéron, Calvus était sans suc et sans sève, Brutus sans verve et sans cohésion. Cicéron se vit critiquer par Calvus[3] comme sans énergie et sans nerf, et par Brutus, comme « manquant de force et de reins ».

Tacite, *Dialogue des orateurs*, 18

Cicéron est parfaitement conscient de ces divergences.

Cédant, pour ainsi dire, à ses propres prières, j'avais écrit à l'attention [de Brutus] mon traité « Du meilleur genre d'orateurs ». Or, il nous a écrit [...] qu'il ne partageait pas mes goûts.

À Atticus, 14, 20, 3

Contestant le style jugé trop lyrique de Cicéron, ces jeunes orateurs affirment la nécessité d'en revenir au style dit « attique » dont on aurait le modèle chez l'orateur Démosthène, voire chez l'historien Thucydide. Ce style, sobre et ferme, qu'affectionnait Brutus, ne convenait pas à Cicéron qui le jugeait trop sec.

Notre cher Brutus m'a envoyé le texte du discours qu'il a prononcé, au Capitole[4], et demandé de le corriger sans complaisance avant qu'il ne le publie. La forme du discours est d'une pureté sans défaut, pour les tours de phrase, le vocabulaire ; on ne peut mieux faire. Mais, pour ma part,

---

3. L'orateur Calvus avait vingt-huit ans de moins que Cicéron, Brutus, vingt de moins.
4. Il s'agit de l'allocution prononcée par Brutus au Capitole, dans les heures qui suivirent l'assassinat de César.

si j'avais eu cette cause à traiter, j'aurais écrit avec plus de flamme… Aussi n'ai-je pas été en mesure de corriger le texte. Compte tenu du genre adopté par notre cher Brutus, et de ce qu'il pense du meilleur style oratoire, il a atteint dans ce discours une pureté de forme insurpassable ; moi, j'ai suivi une autre voie, à tort ou à raison.

À Atticus, 15, 1a, 2

Ces jeunes gens prennent souvent Thucydide comme modèle. Cicéron, qui admire Démosthène et Thucydide, écarte, agacé, ces polémiques, en ayant recours à une métaphore vinicole.

Quant aux discours qu'il[5] a intercalés dans son ouvrage, j'ai coutume d'en faire l'éloge ; mais les imiter, je ne le pourrais pas, si je le voulais, et peut-être ne le voudrais-je pas si je le pouvais. Un amateur de vin de Falerne[6] ne le voudrait ni tellement récent qu'il date des derniers consuls, ni si vieux qu'il remonte au consulat d'Opimius[7] ou d'Anicius… « Pardon, ce sont pourtant les meilleures marques. » Sans doute ; mais le temps a fait perdre à ce vin le bon goût que nous recherchons et il n'est vraiment plus supportable. « Alors, si on est de cet avis, et qu'on veuille boire, c'est à la cuve qu'on devra se résoudre à puiser ? » Pas le moins du monde ; c'est un vin d'un âge moyen que l'amateur prendrait. De même, je conseillerais, moi, à nos orateurs, d'une part, d'éviter ce style moderne, qui est comme un vin pris à la cuve, et encore chaud de la fermentation du moût, d'autre part de ne pas chercher à attraper la manière de Thucydide, qui, avec toute sa renommée, est trop vieille, comme la marque du vin d'Anicius.

Brutus, 83, 287-288

5. Thucydide.
6. Vignoble de Campanie, particulièrement réputé.
7. Opimius avait été consul en 121 et Anicius en 150.

LA MARCHE AU CONSULAT

Cicéron continue à s'illustrer dans l'art oratoire, en défendant, en 69, Caecina et Fonteius. On est loin du procès de Verrès ! M. Fonteius, propréteur de Gaule narbonnaise, avait, comme Verrès, été accusé de concussion. Mais Cicéron est défenseur, et non accusateur. Cette fois, il ne considère pas que la production de témoignages suffise à entraîner l'adhésion des juges.

À quoi peut-on distinguer un auditeur naïf et crédule d'un juge scrupuleux et éclairé ? Sans nul doute à ce que celui-ci soumet les dépositions des témoins à son interprétation et à ses réflexions pour reconnaître quel crédit elles méritent, quelle part y ont l'esprit de justice, le sentiment de l'honneur, la bonne foi, le scrupule, le soin d'une bonne réputation, le souci de l'exactitude et la crainte.

Pour M. Fonteius, 10, 23

Et les malheureux Gaulois qui sont venus porter plainte ne sont pas traités avec la même sympathie que les Siciliens.

Estimez-vous que ces barbares, avec leurs sayons, leurs braies, aient ici l'attitude humble et soumise qu'ont tous ceux qui, victimes d'une injustice, viennent implorer le secours des juges en suppliant et avec humilité ? En aucune façon. Voyez-les se répandre, gais et arrogants, dans tout le Forum, la menace à la bouche, cherchant à nous effrayer par les sonorités horribles de leur langage barbare.

Pour M. Fonteius, 15, 33

Mais trois ans après, Cicéron précise qu'il faut tenir compte des exigences de la fonction d'avocat.

Mais on se trompe grandement en croyant avoir dans les discours que nous avons tenus devant les tribunaux nos opinions dûment consignées. Tous ces discours en effet sont ce que veulent les causes et les circonstances, non les hommes et les avocats eux-mêmes. [...] Si l'on a recours à nous, c'est pour dire non ce que décide notre avis autorisé, mais ce que suggèrent l'affaire et la cause elle-même.

Pour Cluentius, 50, 139

En 69, Cicéron est élu brillamment préteur. L'ascension de « l'homme nouveau » se poursuit.

Nous nous plaignons souvent qu'il n'y a pas dans cette cité pour les hommes nouveaux assez de récompenses. Je soutiens, moi, que jamais il n'y en eut de plus grandes. Chez nous, si quelqu'un de naissance obscure se conduit de manière à sembler pouvoir soutenir par son mérite l'éclat de la noblesse, il parvient jusqu'au point où son activité et son désintéressement lui font escorte.

Pour Cluentius, 40,111

Pour la première fois, en 66, Cicéron monte à la tribune aux harangues. L'affaire est importante. Alors que Pompée, trois ans après son second triomphe, et alors sans magistrature, s'est vu décerner des pouvoirs considérables pour affronter avec succès les pirates, une proposition est avancée pour étendre encore ses pouvoirs pour combattre Mithridate, qui mène en Asie une guerre interminable contre Rome. Si la loi passe, jamais, d'après l'historien Mommsen, « depuis la fondation de Rome, une telle puissance n'aura été concentrée dans la même main ». Le peuple est très favorable à cette proposition, mais le Sénat lui est très hostile. Ainsi Catulus, un des hommes forts du Sénat :

Comment ne serez-vous pas en butte à la haine des magistrats et de tous ceux qui aspirent à prendre part au pouvoir de l'État, si vous abolissez les magistratures établies dans notre pays, si vous ne laissez rien à faire à ceux que vous avez élus conformément aux lois, pour décerner à un simple citoyen un commandement extraordinaire, tel qu'il n'a jamais existé ?

Dion Cassius, *Histoire romaine*, 36, 31

Or, Cicéron intervient pour l'adoption du projet, alors que les années précédentes, il avait défendu le point de vue de la classe sénatoriale. Certains ont jugé très sévèrement ce retournement.

Quant à Cicéron, il aspirait à gouverner l'État, et voulait montrer au peuple et aux nobles qu'il accroîtrait considérablement la force du parti qu'il aurait embrassé. Il favorisait donc tantôt les uns, tantôt les autres, pour être recherché par les deux partis ; ainsi, après avoir fait cause commune avec les nobles, il se déclara alors pour la lie du peuple.

Dion Cassius, *Histoire romaine*, 36, 41

Il semble bien que Cicéron ait eu d'autres motivations. D'abord, Cicéron ne veut pas se couper de l'ordre des chevaliers, son ordre d'origine, donc des publicains, qui affermaient l'impôt en Asie et que les menées de Mithridate menaçaient de ruiner.

Or, à eux seuls, l'intérêt particulier [des publicains] mérite votre vigilance, car si nous avons toujours regardé les revenus publics comme le nerf de l'État, nous pouvons bien dire à juste titre que l'ordre qui a en charge de les recouvrer est le soutien des autres ordres.

Sur les pouvoirs de Pompée, 7, 17

Rome a le devoir de protéger les peuples d'Asie qui lui ont confié leur destin.

Aujourd'hui, ils commencent enfin à croire que les anciens Romains ont eu en effet ce désintéressement qui, jusqu'ici, paraissait incroyable aux peuples étrangers et inventé par une tradition mensongère.

Sur les pouvoirs de Pompée, 14, 41

Or, seul Pompée semble assuré d'emporter la victoire, d'autant plus que si le respect scrupuleux de la légalité offre aux sénateurs un argument de poids, la certitude que Pompée est plus honnête que la plupart des gouverneurs légalement envoyés dans les provinces est aussi un élément à prendre en considération.

La cupidité qui anime les magistrats partant pour les provinces, les sacrifices, les engagements ruineux auxquels ils consentent, tout cela est ignoré sans doute de ceux qui n'admettent pas qu'on réunisse tous les pouvoirs aux mains d'un seul ! Comme si l'on ne voyait pas que ce sont les vices des autres autant que ses propres vertus qui font la grandeur de Pompée !

Sur les pouvoirs de Pompée, 23, 67

Cicéron a beau s'en défendre…

Je ne pense pas me concilier par mon intervention la faveur de Pompée ni ne cherche à me procurer auprès de quelque puissant personnage une protection contre les périls ou un appui pour la carrière des honneurs.

Sur les pouvoirs de Pompée, 24, 70

…cette première harangue politique inaugure une recherche systématique d'alliance avec Pompée, qui sera longtemps l'axe de son action politique.

LE CONSULAT

Avant d'entrer en campagne pour le consulat, Cicéron avait reçu en 64 d'intéressants conseils de campagne de son frère Quintus, qui était lui-même édile en 54. D'abord, ne jamais oublier qui on est, surtout quand on n'appartient pas à la noblesse.

C'est presque chaque jour qu'il te faut, en descendant au Forum, méditer ces pensées : « Je suis un homme nouveau, je brigue le consulat, ma cité est Rome. » La nouveauté de ton nom, tu y remédieras principalement par ta gloire d'orateur. Toujours l'éloquence a procuré la plus grande considération.

*Quintus Cicéron, le petit manuel
de la campagne électorale*, 1, 2

Mais Cicéron a une base solide.

Tu as en effet ce que peu d'hommes nouveaux ont eu : tous les publicains, l'ordre équestre presque tout entier, beaucoup de municipes qui te sont exclusivement dévoués, beaucoup de particuliers de tous les ordres, que tu as défendus, [...] avec cela une foule de jeunes gens que l'étude de l'éloquence t'a attachés, des amis qui chaque jour sont autour de toi, empressés et nombreux.

Quintus Cicéron, le petit manuel, 1, 3

L'important, désormais, c'est de gagner la sympathie des nobles.

Il faut les solliciter tous avec soin, il faut leur faire parler en ta faveur et les persuader que nous avons toujours partagé les opinions politiques des grands, que nous avons fort peu recherché la faveur populaire ; que si nous paraissons avoir parfois tenu un langage démocratique, nous l'avons fait dans le dessein de nous concilier Cn. Pompée, voulant que l'amitié, ou tout au moins la neutralité d'un homme dont l'influence est si considérable, nous fût assurée dans notre candidature.

Quintus Cicéron, le petit manuel, 1, 5

Mais il faut aussi s'assurer la faveur du peuple.

Cela exige que l'on connaisse les électeurs par leur nom, qu'on sache les flatter, qu'on soit assidu, qu'on soit généreux, qu'on excite l'opinion, qu'on éveille des espérances politiques. D'abord le soin que tu prends de bien connaître les citoyens, fais-le paraître à tous les yeux, et perfectionne cette connaissance chaque jour. Je crois qu'il n'y a rien qui vous rende plus populaire et dont on vous sache plus de gré. Enfin, dis-toi bien que ce qui n'est pas dans ta nature, tu dois savoir feindre assez pour avoir l'air de le faire naturellement.

Quintus Cicéron, le petit manuel, 11, 41-42

Il est plus facile de se gagner les électeurs de la campagne.

Les gens des municipes et de la campagne, il suffit que nous les connaissions par leur nom pour qu'ils croient être de nos amis ; si avec cela, ils pensent se ménager, par notre amitié, quelque appui, ils ne laissent pas échapper une occasion de nous obliger. Les candidats, en général, et particulièrement tes compétiteurs ignorent ces gens-là. Toi, tu ne les ignores pas.

Quintus Cicéron, le petit manuel, 8, 31

Il faut surtout être accessible.

Tu dois te prodiguer, être à tout le monde, veiller à ce que l'on ait la nuit comme le jour un large accès auprès de toi, et ce ne sont point seulement les portes de ta maison qui doivent être ouvertes, mais ton air et ton visage, qui sont les portes de l'âme : s'ils laissent voir un cœur qui se retire et se renferme, il importe peu que ton huis soit grand ouvert. Les hommes en effet ne veulent pas seulement qu'on leur fasse des promesses, ils veulent encore qu'on les fasse généreusement et en des termes qui les honorent.

Quintus Cicéron, le petit manuel, 11, 45

Dix ans après, Cicéron souligne qu'il a bien retenu cette leçon.

Une fois que j'eus compris que le peuple romain a l'oreille dure, mais les yeux perçants et prompts, […] je fis en sorte que par la suite, on me vît présent chaque jour, je demeurai sous les regards, j'assiégeai le Forum, personne ne fut empêché de parvenir à moi, ni par mon portier ni par mon sommeil.

Pour Cn. Plancius, 27, 66

Il ne faut pas hésiter à faire des promesses, au risque de ne pouvoir les tenir.

Ce risque, si l'on fait une promesse, est incertain, éloigné, limité à un petit nombre de cas : refuse-t-on, au contraire, on se fera des ennemis à coup sûr, et sur-le-champ, et en plus grand nombre. Bien plus nombreux, en effet, sont ceux qui demandent de pouvoir compter sur le concours d'autrui que ceux qui en usent. Il vaut donc mieux t'exposer à subir quelque jour la colère de quelques solliciteurs, au Forum, que de les irriter tous, sur-le-champ, chez toi, étant donné surtout qu'on s'irrite bien plus contre ceux qui refusent que contre un homme que l'on voit empêché par une raison de telle nature qu'il n'en désire pas moins accomplir sa promesse, s'il a quelque possibilité de le faire.

Quintus Cicéron, le petit manuel, 12, 48

Il faut mener une campagne brillante, sans pour autant épargner aux adversaires d'éventuels coups bas.

Tâche que toute ta campagne se déploie magnifiquement, qu'elle soit brillante, pleine d'éclat, populaire, qu'elle ait une tenue et une dignité exemplaires et aussi que tes concurrents voient s'élever contre eux, si quelque fait réel le permet, un soupçon déshonorant de crime, ou de débauche, ou de largesses coupables, approprié à leur caractère.

Quintus Cicéron, le petit manuel, 13, 52

Il ne convient pas de détailler un programme électoral.

Tu éviteras, au cours de ta campagne, d'intervenir dans la conduite des affaires, tant au Sénat que dans l'Assemblée du peuple. Tu garderas pour toi tes desseins politiques, laissant le Sénat juger d'après ta conduite antérieure que tu seras un défenseur de son autorité, les chevaliers romains, les gens de la bonne société et riches, attendre de toi, d'après ton passé, la défense de leur repos et de la tranquillité publique, la masse d'après le seul témoignage des discours favorables au peuple que tu as prononcés dans les assemblées populaires et devant les tribunaux, espérer que tu ne seras pas contraire à ses intérêts.

Quintus Cicéron, le petit manuel, 13, 53

Mais il ne faudra jamais abandonner la lutte contre la corruption.

Et puisque c'est bien le défaut le plus grave de notre cité que d'oublier régulièrement la vertu et le mérite quand la corruption intervient, tâche de comprendre que tu es homme à inspirer à tes compétiteurs la crainte la plus vive d'un procès et de ses périls. Qu'ils sachent que tu les surveilles, que tu as l'œil sur eux ; ils ne redouteront pas seulement ton activité, ton autorité et ta puissance de parole, mais aussi, à coup sûr l'affection qu'a pour toi l'ordre équestre.

Quintus Cicéron, le petit manuel, 14, 55

À l'élection qui a lieu l'été 64, face à six compétiteurs, dont Catilina, Cicéron est le premier élu, avec un score triomphal, apparaissant à beaucoup comme un rempart contre les menaces qui pèsent sur la République.

Il fut porté au consulat non moins par les aristocrates que par le peuple, les deux partis l'appuyant dans l'intérêt de l'État pour la raison suivante [...]. Il y avait des gens qui cherchaient à ébranler et à bouleverser l'état présent en vue non pas du bien commun mais de leurs intérêts particuliers. Pompée faisait encore la guerre aux rois du Pont et de l'Arménie[1], et aucune force à Rome n'était capable de s'opposer aux révolutionnaires.

Plutarque, *Vie de Cicéron*, 10, 1

Cicéron se faisait une très haute conception de sa fonction.

C'est par le cœur qu'il convient d'être consul, par la réflexion, la loyauté, le sérieux, la vigilance, le zèle, bref en accomplissant tout ce qui constitue l'ensemble de la fonction consulaire, et surtout, comme l'implique le sens même du mot, en veillant sur l'État[2].

Contre Pison, 10, 23

1. Mithridate et Tigrane.
2. Le verbe *consulere* signifie « veiller sur » ; le rapprochement de sens n'implique pas un rapport étymologique.

La première intervention du nouveau consul est, en janvier 63, de s'opposer au projet de loi agraire, déposé par le tribun Rullus, visant à distribuer, à des gens du peuple, des terres du domaine public en Campanie. C'était une manœuvre classique du parti des « populaires » pour monter le peuple, traditionnellement favorable à ce type de projet, contre la classe sénatoriale, qui y était très vivement hostile. Tout en prenant parti contre le projet, Cicéron veut désamorcer l'argument de ceux qui le présentent comme l'homme des nobles.

Je suis, depuis bien des années[3], presque le premier homme nouveau de notre temps que vous ayez fait consul. Vous l'avez fait dans de telles conditions qu'il est peu de nobles qui aient été élus de la sorte.

Sur la loi agraire, 2, 1, 3

Il ne faut pas confondre « populaires » et démagogues.

Mais, s'il est des gens qui promettent des terres au peuple romain, qui, méditant dans l'ombre de tout autres projets, font briller aux yeux de faux espoirs et de fausses espérances, vous ne devez pas les regarder comme populaires.

Sur la loi agraire, 4, 10

En fait, cette loi, en apparence populaire, va contre les intérêts du peuple.

Cette loi agraire, si belle et si populaire, ne vous donne rien et livre tout à une certaine catégorie d'hommes ; en faisant espérer des terres au peuple romain, elle lui arrache jusqu'à la liberté ; elle accroît la fortune de quelques particuliers et épuise celle de l'État.

Sur la loi agraire, 6, 15

---

3. Il y avait trente ans qu'aucun « homme nouveau » n'avait accédé au consulat.

Et Cicéron n'hésite pas à faire vibrer une corde sensible : la nécessité de défendre le patrimoine national.

Aujourd'hui, vous vous plaisez à dire de vos ancêtres : « Ce territoire, ce sont nos pères qui nous l'ont laissé. » Ainsi, vos descendants diront de vous : « Ce territoire que leurs pères leur avaient transmis, ce sont nos pères qui l'ont perdu. »

Sur la loi agraire, 31, 84

Le peuple ne bougea pas et le projet ne fut pas même mis aux votes. Mais c'est alors que Catilina, candidat malheureux au consulat, ourdit son complot.

Caius Catilina était un homme très connu pour tout ce qu'on racontait de lui et pour l'éclat de sa famille, mais extravagant [...] il avait surtout été un ami, un compagnon de lutte et un partisan zélé de Sylla ; son ambition l'avait réduit à la pauvreté, et, toujours appuyé par des hommes et des femmes influents, il avait entrepris de briguer le consulat, et, par son intermédiaire, d'accéder à une tyrannie. Alors qu'il comptait fermement sur son élection, ses intentions furent soupçonnées, et la charge lui échappant échut à Cicéron, orateur et avocat très en vogue. Catilina, alors, se répandit en moqueries pour outrager les électeurs de Cicéron, le taxant de « nouveau », pour viser le manque de renom de sa famille [...]et pour souligner qu'il n'était pas de la Ville[4], le traitant d'« inquilinatus », terme par lequel on désigne les locataires de maisons appartenant à d'autres.

Appien, *Guerres civiles*, 2, 1, 1

4. Avec une majuscule, la Ville désigne Rome.

L'éventail de la conjuration est assez large. Salluste a recensé une douzaine de membres de l'ordre sénatorial, et des chevaliers.

Beaucoup de notables citoyens des colonies et des municipes faisaient encore partie du complot, [et] un certain nombre de nobles qu'entraînait plutôt l'espérance du pouvoir que la misère. [...] Au reste, la plupart des jeunes gens, mais surtout ceux de la noblesse, étaient favorables aux projets de Catilina ; pouvant vivre sans rien faire, ils préféraient pourtant l'incertain au certain, la guerre à la paix.

Salluste, *La conjuration de Catilina*, 17

Sans compter un renfort inattendu...

Il rassembla de l'argent, en grande quantité, auprès de quantité de femmes qui comptaient, lors de la révolution, faire périr leurs maris.

Appien, *Guerres civiles*, 2, 1, 1

On évoque même la complicité de Crassus et César, les futurs triumvirs, qui étaient à la tête du parti populaire. Les circonstances sont favorables.

Confiant en de pareils amis et alliés, voyant en outre tout le pays accablé de dettes, et la plupart des vétérans de Sylla, ruinés par leurs prodigalités et se souvenant de leurs rapines et de leur victoire passée en appeler de leurs vœux la guerre civile, Catilina conçut le projet d'anéantir la République. Cn. Pompée guerroyait au bout du monde[5] ; Catilina lui-même avait bon espoir d'être élu au consulat ; le Sénat n'avait vent de rien ; partout le calme et la sécurité : toutes circonstances favorables à Catilina.

Salluste, *La conjuration de Catilina*, 16

5. Pour achever la guerre contre Mithridate.

Mais les agissements de Catilina vont être dénoncés à Cicéron par Fulvia, la maîtresse de l'un des conjurés. Puis Crassus joue une sorte de double jeu.

[Une lettre anonyme] lui annonçait qu'un grand massacre allait être commis par Catilina et elle lui conseillait de s'échapper de la ville. [...] [Crassus] s'en vint aussitôt trouver Cicéron, car il était effrayé du danger et voulait aussi se laver des accusations dont il était l'objet à cause de son amitié pour Catilina.

Plutarque, *Vie de Cicéron*, 15, 3

Le 22 octobre, par sénatus-consulte, Cicéron reçoit tous les pouvoirs. Mais pour lui, la menace se précise.

Lentulus et les conjurés décidèrent que [...] Lentulus et Cethegus[6] se présenteraient à l'aube, avec des poignards dissimulés, à la porte de Cicéron, [...] bavarderaient et feraient traîner la conversation tout en se promenant, et le tueraient après l'avoir entraîné à l'écart. Le tribun Lucius Bestia convoquerait aussitôt par héraut une assemblée et accuserait Cicéron de s'être toujours comporté en poltron et en fauteur de guerre qui semait le trouble dans la Ville en l'absence de toute menace ; puis, après le discours de Bestia, dès la nuit tombée, d'autres hommes incendieraient la Ville en douze points, la pilleraient et tueraient les aristocrates.

Appien, *Guerres civiles,* 2, 1, 3

Cette fois, Cicéron passe à l'action. Le 8 novembre, il convoque le Sénat dans le vénérable temple de Jupiter Stator. En présence de Catilina, Cicéron lance une accusation sur un ton haletant.

Jusques à quand enfin, Catilina, abuseras-tu de notre patience ? Combien de temps encore ta fureur esquivera-

6. Tous deux étaient préteurs.

t-elle nos coups ? Jusqu'où s'emportera ton audace sans
frein ? Rien, ni les troupes qui, la nuit, occupent le Palatin,
ni les rondes à travers la Ville, ni l'anxiété du peuple, ni
ce rassemblement de tous les bons citoyens, ni le choix
de ce lieu, le plus sûr de tous, pour la convocation du
Sénat, ni l'air ni l'expression de tous ceux qui sont ici,
non, rien n'a pu te déconcerter ? Tes projets sont percés à
jour, ne le sens-tu pas ? Ta conspiration, connue de tous
est déjà maîtrisée ; ne le vois-tu pas ? Ce que tu as fait la
nuit dernière, et aussi la nuit précédente, où tu as été, qui
tu as convoqué, ce que tu as résolu, crois-tu qu'un seul
d'entre nous l'ignore ? Ô temps ! Ô mœurs ! Tout cela, le
Sénat le sait, le consul le voit ; et cet homme vit encore !
Il vit ? Ah ! Que dis-je ? Il vient au Sénat, il participe à
la délibération publique, il marque et désigne de l'œil
ceux d'entre nous qu'on assassinera. Et nous les hommes
de cœur, nous croyons faire assez pour la chose publique,
si nous nous gardons de sa rage et de ses poignards. Toi,
Catilina, c'est à la mort, sur l'ordre du consul, que depuis
longtemps il aurait fallu te mener ; sur toi devaient se
concentrer les coups que tu nous prépares. Quoi ! Un
personnage considérable, P. Scipion, grand pontife, a tué,
lui, simple particulier, Tiberius Gracchus, qui portait une
légère atteinte à la constitution de l'État[7] ; et Catilina,
qui prétend désoler l'univers par le fer et par le feu, nous,
consuls, nous devrons le supporter toujours ?

Première Catilinaire, 1, 1

*N'ayant pas de preuves formelles de la réalité du complot, il
préférerait le départ de Catilina plutôt que son exécution pour deux*

7. En 133, Scipion Nasica, ancien consul, ameuta les aristocrates
contre Tiberius Gracchus et le fit assassiner au mépris de toute légalité,
pour faire échouer sa loi agraire. Voir *La Véritable Histoire des Gracques*,
Les Belles Lettres, Paris, 2012.

raisons. D'abord, une exécution poserait des problèmes politiques, les sénateurs n'étant pas tous convaincus de la nécessité d'une politique de répression...

Il se trouve, jusque dans le Sénat, quelques citoyens qui ne voient pas les dangers qui nous menacent, ou qui, les voyant, feignent de les ignorer.

Première Catilinaire, 12, 30

Et le départ de Catilina offrirait un grand avantage.

Qu'il se bannisse lui-même, qu'il emmène ses partisans, qu'il ramasse en un lieu ces épaves recueillies de partout, et non seulement ce mal de l'État, qui n'a fait déjà que trop de progrès, sera conjuré et détruit, mais avec lui la racine même et le germe de tous nos maux.

Première Catilinaire, 12, 30

En un mois et demi, Cicéron va prononcer quatre violents discours, les Catilinaires, *où il s'efforcera de mobiliser autour de lui les énergies, en définissant les forces en présence.*

C'est l'abondance qui fait la guerre à la disette, le parti de l'ordre au parti de la révolution.

Deuxième Catilinaire, 11, 25

Il aura au moins réalisé son rêve : la réconciliation des ordres privilégiés.

Les chevaliers séparés de vous par un désaccord vieux de tant d'années, reviennent à la concorde et à l'union ; [...] Que cette coalition, nouée sous mon consulat, se maintienne éternellement en politique !

Quatrième Catilinaire, 7, 15

Dès la mi-novembre, Catilina s'enfuit retrouver ses troupes en Étrurie. Mais les principaux conjurés restent à Rome. Ils sont bientôt convaincus de haute trahison.

Des émissaires des Allobroges[8], venus se plaindre de leurs gouverneurs, furent admis dans la conjuration, pour soulever la Gaule contre les Romains. Mis au courant, [...] Cicéron fit arrêter les Allobroges. Ils avouèrent tous les accords passés avec Lentulus et ses compagnons.

Appien, *Guerres civiles,* 2, 1

Le 5 décembre, Cicéron convoque le Sénat pour délibérer sur le sort des conjurés, qu'il a fait arrêter. César, qui vient d'être élu préteur et est une des principales têtes du parti des « populaires », s'oppose à la peine de mort, arguant qu'une mise à mort sans jugement créerait un redoutable précédent.

Mais vous, Pères Conscrits[9], considérez les conséquences que votre arrêt peut avoir pour d'autres. Les abus ont toujours eu leur source dans de bons précédents ; mais lorsque le pouvoir passe en des mains ignorantes ou malhonnêtes, cette mesure extraordinaire, destinée d'abord à des coupables qui la méritaient, s'applique ensuite à des innocents qui ne la méritaient point. [...] Mon avis est de confisquer leurs biens, de mettre leurs personnes aux fers dans les municipes les plus forts et les mieux pourvus.

Salluste, *La conjuration de Catilina*, 51

Mais le rigoureux Caton demande que les conjurés soient mis à mort et entraîne la majorité du Sénat.

Des citoyens de la plus haute noblesse se sont conjurés pour mettre le feu à la patrie ; ils appellent aux armes la

8. Peuple celtique habitant la Savoie, incorporé en 121 à la province romaine de la Gaule narbonnaise.
9. Nom donné aux sénateurs.

nation gauloise[10], la plus acharnée contre le nom romain ; le chef des ennemis est sur nos têtes, avec son armée ; et vous en êtes encore à hésiter et à vous demander ce que vous ferez d'ennemis publics pris sur le fait dans l'enceinte même de vos remparts ? [...] Par inertie et par mollesse, vous attendez tous l'un après l'autre, vous temporisez, comptant sûrement sur les dieux immortels qui souvent ont sauvé notre République des plus grands dangers. Ce n'est point par des vœux ni par des supplications de femmes qu'on obtient le secours des dieux : la vigilance, l'action, les sages résolutions, voilà les instruments du succès [...]. Puisqu'ils sont convaincus d'avoir préparé le meurtre, l'incendie, et d'autres affreux et cruels attentats contre leurs concitoyens et leur patrie, qu'ils soient sur leur aveu, comme s'ils avaient été pris en flagrant délit de crime capital[11], mis à mort suivant la coutume de nos ancêtres.

Salluste, *La conjuration de Catilina*, 52

Cicéron exécute immédiatement la sentence des sénateurs. Quant à Catilina lui-même, il mourra à la tête des troupes qu'il avait levées, un mois plus tard.

Immédiatement, tandis que le Sénat restait rassemblé, Cicéron fit emmener chacun des conjurés à la prison, où il les accompagna, à l'insu de la foule, et assista à leur exécution ; puis passant près des hommes restés sur le Forum, il leur annonça l'exécution.

Appien, *Guerres civiles*, 2, 1, 6

10. Allusion à l'aveu des Allobroges.

11. La peine de mort ne pouvait être appliquée sans jugement qu'aux criminels pris en flagrant délit. Ici, il aurait légalement fallu une comparution devant un magistrat, dont le verdict était susceptible d'appel. Vu la gravité de la situation, Caton préfère se référer à la coutume des ancêtres.

Cicéron connaît alors la gloire.

Cicéron, qui n'était connu de tous que pour la force de son éloquence, voyait alors son nom dans toutes les bouches pour son action ; il paraissait avoir été un sauveur pour la patrie à l'agonie, et des actions de grâces eurent lieu en son honneur devant l'assemblée du peuple, accompagnées de toute sorte d'appellations honorifiques. Quand Caton l'eut également proclamé « Père de la patrie », le peuple hurla son approbation.

Appien, *Guerres civiles*, 2, 1, 7

Et, à cette époque où la gloire militaire confère de plus en plus de prestige, Cicéron aime se poser en général victorieux.

C'est en toge, sous mes ordres seuls, ceux d'un chef, et d'un général en toge, que vous avez remporté la victoire.

Troisième Catilinaire, 10, 23

Pourtant, le jour même de l'exécution, Cicéron avait compris que le dernier mot n'était pas dit, et que les tenants du « parti populaire » chercheraient une revanche.

Me voici donc, contre ces mauvais citoyens, engagé dans une guerre sans fin, je le vois bien.

Quatrième Catilinaire, 11, 22

Ce n'est pas par pure vanité qu'il rappellera sans cesse ce jour de gloire.

Je ne réclame de vous qu'une grâce, c'est que vous gardiez le souvenir de cette journée et de tout mon consulat ; tant qu'il restera gravé dans vos âmes, je me croirai protégé par le rempart le plus sûr.

Quatrième Catilinaire, 11, 23

Huit ans après, Cicéron fera un résumé lyrique de son consulat.

J'ai saisi les torches déjà allumées pour incendier notre Ville, je les ai produites au grand jour, je les ai éteintes. [...] Mon consulat s'est passé sans que je ne fisse rien sans l'avis du Sénat, rien sans l'approbation du peuple romain, à défendre, toujours [...] le peuple, à réaliser l'accord de la foule avec les grands, de l'ordre équestre avec le Sénat. Voilà le résumé de mon consulat.

Contre Pison, 3, 7

Mais dans les dernières semaines de son consulat, Cicéron avait eu l'occasion de donner toute la mesure de son talent dans le procès intenté à Muréna. En juillet 63, Catilina s'était en effet représenté au consulat pour l'année 62. La bataille avait été chaude, Cicéron s'était totalement investi pour le faire battre, et finalement les élus avaient été Silanus et Muréna, un militaire. Mais un des battus, Sulpicius Rufus, jurisconsulte savant et estimé, mais sans doute un peu terne, accusa Muréna d'avoir usé de brigue. Et il était soutenu par Caton, dont le stoïcisme intransigeant n'admettait aucune faute. On imagine le parti qu'aurait tiré Catilina de la condamnation de Muréna ! Au procès qui eut lieu en novembre 63, Cicéron, le défenseur, situe d'entrée le véritable enjeu du procès.

Le rôle d'un bon consul n'est pas seulement de voir clair dans le présent, mais encore de prévoir l'avenir, je montrerai dans un autre point combien il importe à la sécurité publique que l'État ait deux consuls aux calendes[12] de janvier.

Pour L. Muréna, 2, 4

12. Le 1ᵉʳ janvier.

Pour défendre le militaire Muréna contre le jurisconsulte Sulpicius, il va jusqu'à affirmer, pour la première et unique fois, la supériorité de l'art militaire sur les autres.

La valeur militaire l'emporte sur tout le reste. C'est elle qui a procuré son renom au peuple romain ; c'est elle qui a donné à notre ville une gloire immortelle, c'est elle qui a contraint l'univers à reconnaître notre souveraineté. Tous les arts de la paix, toutes nos brillantes occupations, la gloire et l'activité du barreau s'abritent sous la tutelle et la protection de la valeur guerrière. Au premier bruit d'alarme, si léger soit-il, les arts que nous exerçons rentrent aussitôt dans le silence.

Pour L. Muréna, 9, 22

Mais son humour fait merveille contre Caton et son stoïcisme excessif – alors que Cicéron est pourtant assez proche de la doctrine stoïcienne.

[Pour eux], toutes les fautes sont égales, tout délit un horrible forfait, le crime est aussi grand de tuer un coq sans nécessité que d'étrangler son père. Le sage ne hasarde aucune opinion ; il n'a pas de repentir, il ne se trompe jamais et jamais ne change d'avis.

Pour L. Muréna, 29, 61

Il se déchaîne contre le malheureux Sulpicius Rufus et sur sa science de jurisconsulte, dont il était si fier.

Tant que ces choses-là étaient des mystères, il fallait bien avoir recours à ceux qui en étaient les gardiens. Mais depuis qu'elles sont entrées dans le domaine public, tombées entre les mains de tous et passées au crible, on les a trouvées vides de bon sens mais toutes pleines de mauvaise foi et de sottise. Les lois avaient établi une foule de principes excellents : l'ingéniosité des jurisconsultes les a presque tous corrompus et faussés. [...] Dans tout le droit civil, ils ont abandonné l'esprit pour s'en tenir à la lettre.[...] En outre, ce dont je ne cesse de m'émerveiller, c'est que tant d'hommes si ingénieux aient été incapables depuis tant d'années, de décider si l'on doit dire le troisième jour ou le surlendemain, le juge ou l'arbitre, l'affaire ou le procès.

Pour L. Muréna, 12, 26-27

On atteint le registre de Molière...

Moi-même qui suis terriblement occupé, si vous m'échauffez la bile, en trois jours je serais en état de me déclarer jurisconsulte.

Pour L. Muréna, 13, 28

Qu'importe que Muréna fût coupable ou innocent. Il fallait sauver la République. Elle le fut et Muréna fut acquitté.

SES CONCEPTIONS POLITIQUES

Cicéron a écrit deux traités politiques, dont les titres sont empruntés à Platon : La République *en 54 et* Traité des Lois *en 52. La méthode est platonicienne : ils se présentent sous forme de dialogues. Les emprunts à Platon sont nombreux. Mais une différence est vite mise en lumière : ce n'est pas la Cité idéale que veut édifier Cicéron ; c'est à Rome qu'il s'intéresse. Dans un dialogue fictif, situé au IIe siècle, entre Scipion Émilien et son ami Lelius, il fait dire à celui-ci :*

Nous voyons que tu as commencé à parler selon une méthode d'exposé nouvelle, inconnue dans la littérature grecque. En effet, le principe dont le plus grand de tous les écrivains s'est donné un champ libre où il pût construire à sa guise sa République, il l'a fait magnifique peut-être, mais sans aucun rapport avec la vie et les mœurs des humains. Tous les autres écrivains ont disserté sur les diverses espèces d'État et sur les principes de leurs constitutions, mais sans se servir d'aucun modèle précis, ni d'aucune cité idéale ; il me semble au contraire que tu vas faire l'un et l'autre. En effet, ton entrée en matière le montre : tu aimes mieux attribuer à autrui tes propres découvertes que de faire œuvre d'imagination, comme le Socrate de Platon. Au sujet de la situation à Rome, tu ramènes à un plan ce que Romulus réalisa par hasard ou par contrainte. Enfin, tu n'erres pas à l'aventure dans ton exposé, mais tu t'attaches à la constitution d'un seul État.

La République, 2, 11, 21-22

– Le meilleur régime politique

Trois régimes sont possibles :

– L'oligarchie :

Si un peuple choisit librement ceux à qui il confie son sort et si [...] il choisit les meilleurs, on peut être certain que le salut des États repose sur la sagesse politique des meilleurs citoyens ; c'est en effet une loi de la nature que les hommes distingués par leur énergie et leur valeur intellectuelle commandent à ceux qui sont plus faibles et que ces derniers acceptent volontiers d'obéir aux individus supérieurs. Cette excellente organisation, disent les aristocrates, a malheureusement été bouleversée, parce que les hommes font des erreurs de jugement ; comme ils méconnaissent la vertu [...] ils se figurent que les gens riches, abondamment pourvus de tout et, de plus, nés dans une famille noble, sont les hommes les meilleurs. [...] Avoir des richesses, un nom connu, des moyens, mais être dépourvu d'intelligence politique et de tout principe, pour conduire sa propre vie et pour commander aux autres, c'est se couvrir de honte et montrer un orgueil effronté ; il n'y a pas de forme de cité plus affreuse que celle où les riches passent pour être les meilleurs.

La République, 1, 34, 51

– La démocratie :

Il n'est pas d'État à qui je refuserais plutôt l'existence qu'à celui-là, qui est entièrement au pouvoir de la foule. [...] Un peuple ne se constitue [...] que si sa cohésion est maintenue par un accord sur le droit. Mais cette réunion d'individus, dont tu parles, est aussi tyrannique que s'il n'y avait qu'un seul individu ; elle est d'autant plus monstrueuse que rien n'est plus malfaisant que cette bête féroce qui prend l'apparence et le nom de peuple.

La République, 3, 33, 45

– La monarchie :

Cicéron prête à Scipion l'Africain la réflexion suivante :

Des trois formes dont tu as parlé, si cependant il fallait en choisir une à l'état de pureté, j'opterais pour la royauté [...]. Il y a quelque chose de presque paternel dans le nom que porte un roi qui veille sur ses concitoyens comme s'ils étaient ses enfants.

Il nuance pourtant son propos :

Opposons-lui un autre chef, bon et sage, capable de veiller sur les intérêts et la dignité des citoyens, tuteur et défenseur de la chose publique.

Cicéron a compris que la menace de convulsions qui pèse désormais sur Rome exige un chef de l'exécutif puissant :

L'homme placé à la tête de l'État se propose comme fin la félicité des citoyens [...]. Il faut que le prince de la cité se repaisse de gloire et l'État restera debout aussi longtemps que tous honorent le prince.

La République, 5, 6-7

L'expérience des guerres civiles et de l'ascension puis la mort de César va conduire Cicéron à prendre ses distances par rapport à l'idéal du principat, du guide :

L'impudence de C. César l'a récemment montré, lui qui renversa tous les droits divins et humains à cause de ce principat qu'il avait imaginé pour lui-même par une erreur imputable à l'opinion.

Les Devoirs, 1, 8, 26

En tout cas, il affirme que la royauté en tant que telle n'est pas le régime idéal.

Mais à la royauté elle-même, on préférera un régime formé par le mélange harmonieusement équilibré des trois systèmes politiques de base. Je veux qu'il existe dans l'État un élément de prédominance royale, que l'on accorde aussi une part du pouvoir à l'influence des premiers citoyens, enfin que l'on réserve certaines questions au jugement et à la volonté de la foule.

La République, 1, 45, 69

C'est ainsi que Cicéron juge excellente la formule des comices centuriates, où les modalités de vote avantagent les centuries des riches.

Ainsi personne n'était tenu à l'écart du droit de vote, et les citoyens qui avaient le plus d'intérêt à la prospérité de la cité disposaient du droit de vote décisif.

La République, 2, 22, 40

C'est en acceptant un système hiérarchique, mais équilibré, que doit fonctionner le régime républicain.

S'il est bien établi que le Sénat est le maître de la politique générale, que tous doivent défendre les mesures qu'il a prises, [...] alors, de cette compensation des droits où le pouvoir appartient au peuple et l'initiative au Sénat, résulte que l'on pourra garder cet équilibre modéré et harmonieux de l'État.

Traité des Lois, 3, 12, 28

Ainsi, le tribunat de la plèbe a été à l'origine de bien des excès démagogiques et de troubles politiques. Pourtant, à son frère qui approuvait la décision de Sylla de rogner ses pouvoirs et regrettait que Pompée les lui eût restitués, Cicéron répond :

Il y a, j'en conviens, un mal inhérent à ce pouvoir même ; mais, sans ce mal, nous ne saurions avoir le bien que l'on a voulu atteindre grâce à ce pouvoir. « Le pouvoir des tribuns est excessif. » Qui dit le contraire ? Mais la force populaire est encore beaucoup plus sauvage et beaucoup plus violente, elle qui, lors qu'elle possède à sa tête un chef, se montre parfois plus accessible au calme que si elle n'en avait pas. Le chef en effet réfléchit qu'il s'avance à ses risques personnels ; l'élan du peuple, lui, ne calcule pas ses risques. « Mais il arrive quelquefois qu'on l'enflamme ! » Et souvent aussi, on l'apaise ! [...] C'est pourquoi, ou bien il ne fallait pas chasser les rois, ou bien il fallait donner la liberté au peuple, réellement et non pas en paroles. On la lui a donnée mais dans des conditions telles que, grâce à de nombreuses et excellentes mesures, elle devait être amenée à céder devant l'autorité des grands.

Traité des Lois, 3, 10, 23 et 25

Certes, l'exercice de la démocratie est parfois déconcertant.

Rien de plus inconstant que la foule, rien de plus impénétrable que les inclinations des hommes ; rien de plus décevant que tout le régime des comices !

Pour L. Muréna, 17, 35

Mais il faut savoir en accepter les risques :

C'est le privilège des peuples libres et surtout de notre peuple, le premier de tous [...] que de pouvoir, par son vote, donner ou enlever à chacun ce qu'il veut, et notre rôle à nous, à nous qui sommes entraînés par cette tempête qu'est la vie politique et par ses remous, consiste à supporter avec patience les volontés du peuple [...]. Si nous n'attachons pas grand prix à obtenir des magistratures, nous n'avons pas à nous mettre au service du peuple, mais si nous les recherchons, il faut ne pas nous lasser de lui adresser nos prières.

Pour Cn. Plancius, 4, 11

– *La finalité de l'action politique* :

Dans un plaidoyer prononcé en 57, Cicéron définit la tâche qui doit être celle d'un homme politique : assurer, au prix d'efforts immenses, le calme à ses concitoyens, pour qu'ils connaissent le loisir, non une oisiveté paresseuse, mais la possibilité de s'adonner sereinement aux activités de leur choix.

Si l'on aspire à l'honorable estime des bons citoyens – et là seulement est la vraie gloire – c'est pour les autres, non pour soi-même, qu'il faut chercher le calme et les plaisirs. Il faut suer sang et eau pour le bien commun, braver des inimitiés, affronter souvent, pour la chose publique, les orages, lutter tour à tour contre l'audace, la méchanceté, parfois même la puissance. Nous ne voyons pas que la considération ait jamais entouré ceux qui ont incité les peuples à la sédition, ou qui, par leurs largesses, ont aveuglé l'esprit des gens sans expérience, ou qui, enfin, ont appelé la défaveur sur les hommes énergiques, brillants, et dévoués à la République. Au contraire, ceux qui ont repoussé leurs assauts et leurs tentatives, ceux qui, par leur autorité, leur loyauté, leur fermeté, leur hauteur de caractère, ont résisté aux projets des aventuriers, ceux-là ont toujours été tenus pour des hommes sérieux, pour des chefs, des guides, des garants de notre dignité et de notre empire.

Pour Sestius, 66, 139

Vers la fin de sa vie, il revient sur ce thème :

Ils sont nombreux ceux qui [...] à la recherche de cette tranquillité dont je parle, se sont retirés des affaires publiques et se sont réfugiés dans le repos [...]. Il y a plus d'aisance et de sécurité dans la vie des hommes en repos ; mais il y a plus de fruit pour le genre humain et plus d'aptitude à la gloire et à la grandeur dans la vie de ceux qui se sont appliqués à conduire l'État et de grandes entreprises.

Les Devoirs, 1, 20, 69 ; 21, 70

– *La stratégie politique de Cicéron :*

Les adversaires principaux sont les démagogues dont les slogans favoris sont l'abolition des dettes et le partage des terres.

Quant à ceux qui se veulent populaires et qui [...] ou bien entreprennent la question agraire pour chasser les propriétaires de leurs terres, ou bien pensent devoir faire remise de leurs dettes aux débiteurs, ils sapent les assises de l'État : d'abord la concorde, qui ne peut exister quand on enlève aux uns leur argent, tandis qu'on en fait cadeau à d'autres, ensuite l'équité que l'on supprime complètement s'il n'est pas permis à chacun de posséder ce qui lui appartient.

Les Devoirs, 2, 22, 78

Au début de sa carrière, Cicéron était apparu comme l'homme de la classe équestre, qui voulait arracher aux nobles les privilèges que Sylla leur avait octroyés. Mais face au péril populiste, qu'avait souligné la conjuration de Catilina, face aux menées souterraines de César et Crassus, il en vient à souhaiter fédérer autour de lui une coalition de sénateurs et de chevaliers, sur le thème de la défense de la République. Ce sera le parti des « honnêtes gens », qu'il définit ainsi :

Il y a toujours eu dans notre cité deux groupes de gens, parmi ceux qui ont aspiré à s'occuper des affaires publiques [...]. Ces deux groupes ont voulu être, de réputation et de fait, les uns, des démocrates, les autres, des aristocrates.

Ceux qui, dans leurs actes et dans leurs paroles, voulaient être agréables à la masse, étaient tenus pour des démocrates ; ceux qui se comportaient de manière à rencontrer, pour leur politique, l'approbation des honnêtes gens étaient tenus pour aristocrates [...]. Sont du parti des « honnêtes gens » tous ceux qui ne sont ni malfaisants, ni malhonnêtes par nature, ni forcenés, ni gênés par des embarras domestiques. Il s'ensuit donc que ce que tu as appelé une « caste » est formé d'hommes irréprochables, sains, pourvus d'une situation bien assise. Ceux qui secondent la volonté, les intérêts, les vues de ces gens-là dans l'administration des affaires publiques, sont les défenseurs des aristocrates et ils sont comptés parmi les aristocrates les plus influents, les citoyens les plus distingués, et les notables de l'État. Quel est donc le but vers lequel ces pilotes de l'État doivent tourner leurs regards et diriger leur course ? Ce qui de loin est le meilleur pour tous ceux qui sont sains, honnêtes et aisés, c'est-à-dire la tranquillité et les honneurs. Ceux qui y tendent sont réputés aristocrates ; ceux qui y parviennent sont des personnages de premier plan, des mainteneurs de l'État.

Pour Sestius, 45, 97

Ce conservatisme politique se traduit dans la conception sociale de Cicéron : mépris de l'artisanat et du petit commerce, considération pour le grand négoce, ferveur pour l'agriculture, les propriétaires terriens étant considérés comme les meilleurs soutiens du régime.

Pour les métiers [...] dont on attend un service important, comme la médecine, l'architecture, l'enseignement de nobles connaissances, ces métiers [...] sont de beaux métiers. Le commerce, s'il est réduit, est à considérer comme vil, mais s'il est étendu et abondant, s'il importe de partout beaucoup de produits [...], il n'est pas à blâmer absolument, et si ce commerce, rassasié de gain ou plutôt satisfait, s'est transformé de la haute mer au port, du port lui-même en des possessions de terres, il semble que l'on peut à très juste titre le louer. Mais de toutes les entreprises dont on retire quelque bénéfice, rien n'est meilleur que l'agriculture, rien n'est plus productif, [...] rien n'est plus digne d'un homme et d'un homme libre.

Les Devoirs, 1, 42, 151

C'est pourquoi, il n'est pas de plus bel objectif que de rechercher dans la cité la concorde, et Cicéron pense en priorité à la concorde entre les deux classes qui incarnent le mieux à ses yeux, « le parti des honnêtes gens » : les sénateurs et les chevaliers.

Ce que, dans un chant, les musiciens appellent l'harmonie, c'est, dans la cité, la concorde, qui est, pour la sauvegarde de tous, le lien le plus étroit et le plus bienfaisant. Cette concorde n'est réalisable d'aucune manière sans la justice.

La République, 2, 42, 69

Malheureusement, ces « honnêtes gens » manquent souvent d'énergie et de clairvoyance.

La République est attaquée par plus de forces et de moyens qu'elle n'est défendue, parce qu'il suffit d'un signe pour mettre en mouvement des gens aventureux, qui sont déjà eux-mêmes naturellement excités contre l'État. Au contraire, les honnêtes gens sont plus apathiques ; ils négligent les débuts d'agitation et ne se réveillent qu'au dernier moment, sous la contrainte même des circonstances, si bien que, parfois, à force de temporisation et d'apathie, tout en voulant conserver leur tranquillité, même en renonçant à l'honneur, ils perdent, par leur faute, l'un et l'autre.

Pour Sestius, 47, 100

D'où la nécessité d'avoir une stratégie souple, qui permet de tenir compte des rapports de force. Savoir se tenir sur l'eau n'est pas signe d'opportunisme, mais de sagesse.

Ce faisant, nous nous sommes pliés aux circonstances, qui comptent énormément en politique.

Ad Familiares, 12, 1, 2

Jamais on ne voit faire un mérite aux grands hommes d'État de rester perpétuellement du même avis ; c'est un art, pour le navigateur, de savoir céder à la tempête, dût-il, ce faisant ne pas atteindre le port, et quand on peut y arriver par un détour en modifiant la voilure, c'est folie de vouloir tenir coûte que coûte sa ligne primitive plutôt que de la modifier pour n'en pas moins aboutir, finalement, où l'on veut, de même, puisque nous devons tous, dans l'administration de la chose publique, avoir en vue, comme je l'ai dit si souvent, le repos dans l'honneur, notre devoir n'est pas de tenir toujours le même langage, mais de viser toujours au même but.

Ad Familiares, 1, 9, 21

Nous devons tous demeurer, pour ainsi dire, sur une même roue, qui est celle de la vie politique, cette roue tourne et il nous faut choisir la direction vers laquelle nous orientent son intérêt et sa sauvegarde.

Pour Cn. Plancius, 38, 93

Ne confondons pas fidélité et intransigeance, opportunisme et sens de la mesure.

Quant à moi j'ai appris, j'ai constaté, j'ai lu dans les livres et à propos des hommes les plus sages et les plus célèbres, aussi bien dans notre patrie que dans les autres cités [...] que les mêmes hommes n'ont pas toujours défendu les mêmes opinions, mais chaque fois celles qu'exigeaient la situation de l'État, un changement dans les circonstances, le souci de la concorde. [...] Cette indépendance que, dis-tu, j'ai perdue[1], et à laquelle en réalité je n'ai pas renoncé et ne renoncerai jamais, je ne considérerai pas qu'elle réside dans l'obstination mais dans un certain sens de la mesure.

Pour Cn. Plancius, 39, 94

Aussi, l'homme politique doit-il être très attentif à l'opinion publique.

Il y a trois occasions où peuvent s'exprimer le plus clairement l'opinion et la volonté du peuple romain en matière politique : les réunions publiques, les comices[2], les rassemblements attirés par les jeux et les gladiateurs.

Pour Sestius, 49, 106

Aux jeux Apollinaires, les applaudissements, ou plutôt les témoignages et les jugements du peuple romain vous semblaient-ils de mince importance ? [...] J'ai toujours fait profession de mépriser de tels applaudissements, lorsqu'ils étaient donnés à des citoyens du parti populaire ; mais lorsqu'ils viennent des plus hautes classes, des classes moyennes, et des classes inférieures, bref, de tout le monde, et qu'on voit ceux qui, auparavant, s'attachaient à suivre la volonté unanime du peuple, la fuir, ce ne sont plus, à mon avis, des applaudissements, mais un jugement.

Première Philippique, 15, 36

1. En 56, Cicéron opérera un rapprochement avec les triumvirs, ce qui choquera beaucoup de sénateurs.
2. C'est-à-dire les assemblées du peuple.

En tout cas, que l'homme politique n'oublie jamais cette exigence fondamentale :

Cette âme, exerce-la aux plus nobles activités. Les plus nobles, ce sont les soins accordés au salut de la patrie.

La République, 6, 26, 29

La responsabilité de l'homme politique est écrasante, car il doit être un modèle.

C'est pourquoi des dirigeants vicieux font d'autant plus de mal à l'État que, non seulement eux-mêmes contractent des vices, mais encore ils les inculquent dans la cité ; ils ne sont pas nuisibles seulement parce qu'ils sont corrompus, mais parce que, de plus, ils corrompent les autres, et ils font plus de mal par leur exemple que par leur propre faute. D'ailleurs cette loi, étendue à un ordre tout entier, peut aussi se restreindre : il suffit de quelques gens peu nombreux et même très peu nombreux, pour corrompre ou redresser les mœurs d'un pays.

Traité des Lois, 3, 14, 32

Là est la cause du déclin actuel de la République :

C'est faute d'hommes que les coutumes se sont perdues. Non seulement nous avons des comptes à rendre, après un tel malheur, mais nous avons à nous défendre, en quelque sorte, comme ceux qu'on a accusés de crime capital. Car c'est à cause de nos fautes et non en raison de quelque malheur imprévisible que nous n'avons encore un État que de nom, alors que nous l'avons perdu depuis longtemps.

La République, 5, 1, 2

DU CONSULAT À L'EXIL

63-58

*En 62, Cicéron achète la superbe maison de Crassus sur le
Palatin. Il va vivre ainsi au cœur même de la Ville. Il doit, pour
réaliser ce rêve, s'endetter fortement et l'avoue sur le mode de la
plaisanterie.*

J'ai acheté cette maison même pour 3 500 000 sesterces[1]...
Aussi je t'annonce que j'ai à présent de telles dettes que
j'ai envie de me faire conspirateur, si l'on veut de moi ;
mais les uns me rejettent parce qu'ils me détestent, et
ils ne dissimulent pas leur haine de celui qui a châtié la
conjuration ; les autres sont incrédules, ils craignent de ma
part un piège et n'imaginent point qu'un homme qui a tiré
tous les prêteurs d'un si mauvais pas[2] puisse se trouver à
court d'argent. Je trouve abondamment à emprunter à six
pour cent[3] ; et ce que j'ai fait a valu quelque considération
à ma signature.

Ad Familiares, 5, 6, 2

*Politiquement, il recherche l'alliance avec Pompée, qui termine
sa campagne en Asie, et va rentrer à la fin de l'année. Il lui propose
de reconstituer le duo que formaient Scipion l'Africain, le vainqueur
de Carthage, et son ami Lelius, fin lettré, qui fut consul. Mais
Pompée accueille froidement les avances de Cicéron...*

---

1. D'après certaines estimations, un sesterce correspondrait à
un euro.
2. Catilina avait à son programme l'abolition des dettes.
3. Taux faible pour l'époque.

J'ai fait des choses au sujet desquelles je comptais trouver dans ta lettre, tant en raison de nos bons rapports qu'en considération du bien public, quelques félicitations ; j'explique ton silence par la crainte de froisser quelqu'un[4]. Mais ce que j'ai fait pour le salut de la patrie, le monde entier, sache-le bien, l'approuve hautement. Quand tu reviendras, tu reconnaîtras dans ma conduite tant de sagesse et tant de courage que tu accepteras sans peine de nous voir, toi, bien plus grand que l'Africain, moi, qui ne suis pas trop inférieur à Lelius, associés dans la politique et dans l'amitié.

Ad Familiares, 5, 7, 3

Cicéron pense avoir trouvé la raison de cette froideur et l'explique à Atticus.

Ton grand ami[5] [...] a pour moi, si l'on en croit les marques qu'il en donne, beaucoup d'amitié, d'attachement, d'affection, et en public il fait mon éloge : en secret, mais c'est un secret transparent, il me jalouse. Nulle vraie bienveillance en lui, nulle franchise, nulle clarté dans son attitude politique, ni honnêteté, ni courage, ni indépendance.

À Atticus, 1, 13, 4

Pourtant, Cicéron ira loin pour se concilier l'amitié de Pompée. En 60, contrairement à ses prises de position antérieures, il soutient même une proposition de loi agraire, inspirée par Pompée, et qui prévoit l'achat de terres pour des pauvres.

Je laisse leurs terres aux habitants de Volaterra et d'Arretium[6], dont Sylla avait confisqué le territoire sans toutefois le partager ; le seul article de la loi que je ne

---

4. Sans doute pense-t-il à Q. Metellus Nepos, ancien légat de Pompée, avec qui Cicéron était alors en froid.

5. Pompée.

6. Villes d'Étrurie, aujourd'hui : Volterra et Arezzo.

rejette pas, c'est celui qui prévoit l'achat de terres à l'aide du supplément de revenu qu'on retirera, pendant une période de cinq ans, des nouveaux États tributaires[7]. Le Sénat est hostile à l'ensemble de la loi, parce qu'il soupçonne Pompée de n'y chercher qu'un nouvel accroissement de puissance. Quant à Pompée, il veut que la loi aboutisse, il y met de l'acharnement. Moi, tout en rencontrant de ce chef une grande faveur chez ceux qui prétendent à des lots, je confirme tous les particuliers dans leurs possessions : c'est qu'en effet, comme tu le sais, ce qui fait la force de notre parti, ce sont les riches ; d'un autre côté, je donne satisfaction au peuple et à Pompée (et c'est ce que je désire aussi) par ma proposition d'achat, j'estime que si on y procède avec soin, on peut du même coup vider la sentine de Rome et peupler les solitudes de l'Italie.

À Atticus, 1, 19, 4

Toutefois, il perçoit que ses ennemis n'ont pas désarmé.

Je n'ignore donc pas quel danger menace ma vie au milieu d'une telle multitude d'hommes pervers, puisque je suis seul, je le vois, à soutenir contre tous les pervers une guerre éternelle.

Pour P. Sylla, 9, 28

Pour Cicéron, de grosses difficultés s'annoncent. C'est d'abord, en 62, « l'affaire Clodius ».

Clodius était un jeune noble, de caractère hardi et présomptueux[8]. Étant épris de Pompeia, l'épouse de César, il pénétra secrètement dans sa maison avec le costume et

---

7. Il s'agit des conquêtes de Pompée en Orient.
8. P. Clodius Pulcher appartenait à la *gens* – la famille – Claudia. Il était questeur désigné pour l'année 61.

l'attirail d'une joueuse de lyre. Les femmes y célébraient le sacrifice secret dont la vue est interdite à l'autre sexe, et aucun homme ne se trouvait là[9]. Mais Clodius, étant tout jeune et encore imberbe, espérait se glisser avec les femmes chez Pompeia sans être reconnu [...]. [On surprend] Clodius réfugié dans la chambre de la jeune esclave qui l'avait fait rentrer. L'affaire s'ébruita ; César répudia Pompeia, et Clodius se vit intenter une action d'impiété.

Cicéron était ami de Clodius, et, dans l'affaire de Catilina, il avait trouvé en lui un auxiliaire très zélé [...]. Clodius se défendit contre ses accusateurs en affirmant qu'il ne se trouvait même pas à Rome à ce moment-là [...] mais Cicéron déposa contre lui et déclara que Clodius était venu dans sa maison et l'avait entretenu de certaines affaires.

Plutarque, *Vie de Cicéron*, 28-29, 1

Plutarque affirme que l'instigatrice du témoignage fut Terentia, l'épouse de Cicéron, jalouse de la sœur de Clodius, la belle Clodia, qui faisait des avances à son mari. En tout cas, Cicéron vient de se faire un ennemi mortel. Par ailleurs, les publicains qui ont l'affermage des impôts d'Asie se plaignent et demandent au Sénat de revenir sur le contrat d'affermage qui a été conclu. Cicéron, bien que choqué par cette démarche, n'entend pas rompre avec les chevaliers, ordre auquel appartiennent les publicains.

Ceux qui ont reçu des censeurs la ferme des impôts d'Asie sont venus se plaindre au Sénat ; « Ils s'étaient laissé entraîner, ils avaient conclu à trop haut prix. » Et ils ont demandé la résiliation du marché. J'ai été le premier à les appuyer [...]. C'est un défi à l'opinion ;

---

9. Il s'agit de la fête de la Bonne Déesse, à laquelle les Vestales assistaient.

rien de moins honorable qu'une pareille requête et qu'un pareil aveu de légèreté. Mais il y avait grand danger que, s'ils n'obtenaient rien, ils devinssent tout à fait hostiles au Sénat.

À Atticus, 1, 17, 9

Mais c'était sans compter sur l'intransigeant Caton, qui fait repousser la demande des publicains. Et voici que s'effondre un des axes de la politique cicéronienne, l'alliance des ordres sénatorial et équestre. Cicéron aurait souhaité davantage de souplesse.

Notre ami Caton [...] va parfois, avec les meilleures intentions et une parfaite loyauté, contre les intérêts de la République : il opine comme si nous étions dans la cité idéale de Platon, et non dans la cité fangeuse de Romulus. [...] Le Sénat s'est rangé à son avis ; les chevaliers ont déclaré la guerre à la curie[10] ; non pas à moi, car j'ai été d'un avis différent. Quoi de plus impudent que des publicains qui dénoncent leur contrat ? Et cependant, on aurait dû, pour garder l'alliance de l'ordre équestre, faire là-dessus un sacrifice. Caton s'y opposa et finit par triompher. Conséquence : à présent [...] qu'à plusieurs reprises on a, une fois de plus, déchaîné l'émeute, nous n'avons trouvé de soutien chez aucun de ceux dont le concours, pendant mon consulat, et de même sous les consuls qui sont venus après moi, nous aidait à défendre la République. Quoi donc ? me diras-tu, faudra-t-il que nous achetions ces gens-là ? Eh ! Que ferons-nous, si nous ne pouvons les avoir autrement ?

À Atticus, 2, 1, 8

10. La curie était le bâtiment où siégeait le Sénat.

Cicéron s'inquiète de cette situation et déplore l'apathie de Pompée et de la classe sénatoriale.

Mon ami Pompée se contente de protéger, en gardant un prudent silence, sa belle petite toge brodée[11]. [...] Les autres, tu les connais : leur sottise est telle qu'on les voit nourrir l'espoir de sauver leurs viviers[12] quand la République aura péri.

À Atticus, 1, 18, 6

Sans compter qu'en 59, élu consul, César, déjà à la tête du parti des « populaires », va rafler la mise...

César, sans rien demander au Sénat, et ne recourant qu'au peuple, abandonna aux publicains le tiers des sommes convenues. Eux, devant une faveur qui allait au-delà de leurs désirs, firent de lui un dieu, et cette autre catégorie, plus puissante que la plèbe, passa du côté de César grâce à un seul acte de gouvernement.

Appien, *Guerres civiles*, 2, 2, 13

C'est en 60 que, suite à un revirement de Pompée, se constitue le triumvirat, l'alliance entre les trois hommes les plus puissants à Rome : Pompée, César et Crassus. Cicéron est invité à en faire partie. Bien que tenté, il refuse.

J'ai reçu la visite de Cornelius, ami de César. Il m'affirme que César, en toute chose, prendra conseil de Pompée et de moi, et s'emploiera à rapprocher Crassus de Pompée. Il y a à

---

11. Sous le consulat de Cicéron, une loi avait été votée, autorisant Pompée à porter aux jeux du cirque une couronne de laurier et le costume des triomphateurs, au théâtre la toge prétexte et la couronne de laurier.

12. Posséder de beaux viviers, où l'on pouvait notamment élever des murènes, était un signe de richesse dont beaucoup de nobles étaient fiers.

ceci les avantages suivants : union étroite avec Pompée ; si je le veux, avec César aussi ; réconciliation avec mes ennemis, paix avec la masse populaire ; tranquillité de mes vieux jours. Mais cette belle [sentence] me trouble, que j'ai mise dans mon livre III[13] :

Cependant la carrière où la prime jeunesse,
Montra tant de courage et de haute vertu,
Où consul, tu passas ces brillantes promesses,
Poursuis-la, Cicéron, et fais croître sans cesse
Chez les bons citoyens la gloire de ton nom.

À Atticus, 2, 3, 4

Noble refus. Cicéron préfère « rester sur l'expectative »[14]*. Cependant, en mai 60, il rappelle la ligne qu'il a décidé de suivre en ces temps difficiles pour la République... et pour lui-même : l'alliance avec Pompée, dont l'attitude politique était alors confuse. Pour l'heure, il semble vouloir, avant tout, donner des gages aux populaires, mais Cicéron se flatte de le ramener au bon parti.*

Le plan de conduite que j'ai adopté n'a peut-être pas été inutile à ma tranquillité, et il a été beaucoup plus utile, ma foi, à la République qu'à moi-même : briser les assauts des mauvais citoyens contre moi tout en fixant les opinions flottantes d'un homme[15] dont l'heureuse fortune, l'autorité, l'influence sont des plus considérables, et en l'amenant à faire l'éloge de mon consulat après avoir été l'espoir des malhonnêtes gens. Ah ! S'il m'avait fallu, pour agir ainsi, sacrifier quelque chose de mes principes, rien ne m'eût paru mériter un tel sacrifice ; en réalité, j'ai tout conduit de telle manière que je ne me suis pas déconsidéré en le suivant,

13. Il s'agit du poème que Cicéron avait écrit sur son consulat.
14. *À Atticus*, II, 9, 3.
15. Pompée.

mais que c'est lui qui, au contraire, a fortifié sa situation morale par l'approbation qu'il m'a donnée.

À Atticus, 1, 20, 2

Mais sur lui, l'étau se resserre. En 59, Flaccus est accusé de concussion. Or, Flaccus était préteur en 63, et avait joué un rôle majeur dans la répression du complot de Catilina. À travers Flaccus, Cicéron se sent visé.

On traîne en justice, pour le faire condamner, celui qui a surpris le complot qui devait causer notre perte à tous. Pourrait-il être rassuré, celui qui s'est chargé de le révéler et de le produire au grand jour ?

Pour L. Flaccus, 2, 5

Dans cet appel emphatique, Cicéron cache mal que c'est de son propre sort qu'il s'inquiète.

Lorsqu'on vous remettra les bulletins, juges, il ne s'agira pas seulement de Flaccus ; il s'agira aussi de ceux qui ont présidé et veillé à la sauvegarde de l'État. Il s'agira de tous les bons citoyens : il s'agira de vous-mêmes ; il s'agira de vos enfants, de votre vie, de la patrie, du salut commun.

Pour L. Flaccus, 39, 99

Et Cicéron tente de ranimer les enthousiasmes.

Ô Nones de décembre[16], quelle grande date de mon consulat ! Je peux à bon droit vous appeler le jour de la naissance de Rome, ou du moins de sa conservation.

Pour L. Flaccus, 40, 102

16. Le 5 décembre. C'est le jour où Cicéron fit mettre à mort les lieutenants de Catilina.

Pourtant, l'avenir est sombre. Le triumvirat domine la République. César est consul, il étouffe toute opposition. Son collègue au consulat, Bibulus, s'étant opposé au vote d'une loi agraire, il avait failli être tué sur le Forum. S'enfermant chez lui, il n'en sortit plus pendant huit mois.

Tout est perdu, et la condition où se trouve la République est plus misérable encore que celle où tu l'as laissée : car alors on la voyait soumise à une tyrannie qui était capable de plaire à la masse, et qui, tout en étant pénible aux bons citoyens, n'était cependant pas de nature à causer leur perte ; aujourd'hui, cette tyrannie est devenue soudain si odieuse à tous, qu'on frémit en se demandant quels éclats elle nous prépare. [...] J'espérais, quant à moi, [...] que la roue du char de l'État aurait tourné assez doucement pour qu'on pût à peine en entendre le grincement, à peine en voir l'ornière sur le sol ; et il en eût été ainsi en effet, si l'on avait pu attendre que la bourrasque eût passé. Mais après avoir longtemps soupiré en secret, on s'est mis ensuite à faire entendre des gémissements, et finalement à parler et à crier tous ensemble.

À Atticus, 2, 21, 1

César, pour complaire aux démocrates, a fait voter une loi agraire prévoyant le lotissement de terres en Campanie. Cette fois, Cicéron s'est tu, mais bien à contrecœur.

Je suis mécontent de moi-même, et j'éprouve à écrire un extrême chagrin. Je défends ma situation : étant donnée la contrainte qui pèse sur tous, ma conduite est exempte de bassesse ; mais pour quelqu'un qui a fait les grandes choses que j'ai faites, elle est trop peu courageuse. César me propose d'être son légat[17] ; [...] je retiens cette offre, mais je ne pense pas en profiter : pourtant, après tout, on ne sait pas. Je ne

---

17. En fait, Cicéron refusa la proposition.

veux pas fuir, je souhaite le combat. L'opinion m'est très favorable. Mais enfin, je ne jure de rien.

À Atticus, 2, 18, 3

Cicéron s'illusionne sur sa popularité à Rome...

Il n'est pas de situation plus désespérée que celle de la République, rien de plus détesté que les auteurs de ces maux. Pour moi – je le crois, je l'espère, je le présume – une opinion publique inébranlablement bienveillante me sert de rempart.

À Atticus, 2, 25, 2

...et même dans toute l'Italie.

Si [Clodius] me cite en justice, l'Italie tout entière accourra pour m'aider à sortir de la lutte avec une gloire nouvelle ; s'il veut employer la force, j'espère que l'appui de mes amis, et même de partis qui ne sont pas le mien me permettra de résister par la force. [...] Notre vieille armée des honnêtes gens brûle de dévouement et d'amour pour moi. Ceux qui auparavant éprouvaient quelque éloignement ou quelque froideur, à présent, en haine de nos rois[18], s'unissent aux honnêtes gens.

À Quintus, 1, 3, 16

Le péril se fait plus pressant.

Clodius [...] fut élu tribun[19]. Il s'acharna aussitôt sur Cicéron, lui suscitant toute sorte de tracas, liguant et ameutant tout le monde contre lui. Il s'attacha le peuple

18. Les triumvirs.
19. Pour l'année 58. Pour être élu tribun du peuple, Clodius, qui appartenait à la noble famille Claudia, s'était fait adopter par le plébéien P. Fonteius, avec l'aide de César et Pompée.

par des lois humanitaires et fit attribuer à chacun des deux consuls des provinces importantes : à Pison la Macédoine, à Gabinius la Syrie. Il procura à un grand nombre d'indigents l'entrée dans le corps politique, et se fit escorter par des esclaves armés.

Plutarque, *Vie de Cicéron*, 30, 1

Puis, il mène l'assaut.

Clodius fit voter une loi par laquelle tout homme qui avait fait périr un citoyen romain qui n'avait pas été condamné se voyait interdire l'eau et le feu[20]. Le texte ne nommait pas Cicéron, mais il était le seul visé. Ainsi ce grand homme qui avait bien mérité de la République connut le malheur de l'exil pour avoir sauvé la patrie. On ne manqua pas de soupçonner César et Pompée d'avoir abattu Cicéron et l'on pensait qu'il s'était attiré ce bannissement pour avoir refusé de faire partie des vingt commissaires qui furent chargés de partager les terres de Campanie[21].

Velleius Paterculus, *Histoire romaine*, 2, 45, 1

Il est clair que la responsabilité des triumvirs est engagée. En 58, César partait pour son expédition en Gaule et n'entendait pas laisser Cicéron à Rome en son absence (d'où sa proposition de l'emmener comme légat). On ne peut dire que Pompée aida son ami Cicéron quand celui-ci vint lui demander son appui.

Pompée, informé de sa venue, n'osa pas soutenir sa vue, car il avait terriblement honte devant l'homme qui avait mené pour lui de grands combats et fait adopter tant de mesures politiques en sa faveur, mais, étant le gendre de

20. C'est-à-dire une peine de mort civile. Tout citoyen romain pouvait impunément l'assassiner.
21. En vertu de la loi agraire décidée par Pompée et César pour doter de terres les vétérans de Pompée.

César, à la demande de celui-ci, il sacrifia ses anciennes obligations et, s'échappant par une autre porte, il évita l'entrevue.

Plutarque, *Vie de Cicéron*, 31, 2

Cicéron reçoit certes des témoignages de solidarité.

Ce fut presque tout l'ordre des chevaliers qui prit le deuil avec Cicéron, et non moins de vingt mille jeunes gens l'accompagnèrent les cheveux en désordre, et supplièrent le peuple de concert avec lui ; puis le Sénat se réunit pour décréter que le peuple changerait de costume, comme pour un deuil ; mais les consuls s'y opposèrent et, comme Clodius faisait entourer d'hommes armés la salle des séances, plusieurs sénateurs s'élancèrent au dehors en déchirant leurs toges et en poussant des cris.

Plutarque, *Vie de Cicéron*, 31, 1

Certains historiens se montrent plus sévères pour Cicéron à cette occasion. Il faut tout de même souvent nuancer les propos d'Appien, qui, lorsqu'il évoque Cicéron qu'il n'aime pas, a toujours tendance à forcer le trait.

Revêtant de méchants habits, pleins de poussière et de saleté, [Cicéron] se jetait aux pieds du premier venu dans les rues, sans avoir honte d'importuner des inconnus, de sorte que sa conduite, par son incongruité, fit passer à son égard de la pitié au rire. Tel fut le degré de lâcheté où s'abaissa, pour le seul procès qui lui fut personnellement intenté, un homme qui, durant toute sa vie, avait fait ses preuves avec brio dans les procès des autres.

Appien, *Guerres civiles*, 2, 3, 15

Le 10 mars 58, la plupart de ses amis lui conseillent de partir sans attendre le vote de la loi.

C'est le parti auquel Cicéron se rangea. Il prit la statue de Minerve qu'il conservait depuis longtemps dans sa maison et entourait d'une vénération particulière, et la porta au Capitole, où il la consacra avec cette inscription : « À Minerve, gardienne de Rome. » Puis il accepta de ses amis une escorte et s'échappa de la ville au milieu de la nuit ; il prit par voie de terre le chemin de la Lucanie, dans l'intention de gagner la Sicile.

Plutarque, *Vie de Cicéron*, 31, 6

Le lendemain de son départ, la loi de Clodius est votée sans opposition.

Ceux qu'on regardait comme les meilleurs amis de Cicéron soutinrent chaleureusement la loi contre lui dès qu'il se fut éloigné.

Dion Cassius, *Histoire romaine*, 38, 17

L'EXIL ET LE RETOUR

58-51

Cicéron se rend à Thessalonique, puis à Dyrrachium, ville côtière d'Épire.

Je suis venu à Dyrrachium, parce que c'est une ville libre, parce qu'elle m'est dévouée, parce qu'elle est près de l'Italie.

Ad Familiares, 14, 1, 7

D'abord, c'est l'effondrement.

Je ne veux pas te faire l'énumération de tous les maux où m'a précipité, plus encore que la criminelle injustice de mes ennemis, celle d'amis malveillants[1] [...]. Ce que j'affirme, c'est que jamais personne n'a été victime d'une pareille catastrophe, que personne n'a eu plus de raisons de souhaiter la mort.

À Atticus, 3, 7, 2

Je n'ai pas seulement perdu mes biens et ceux que j'aime, j'ai perdu tout ce qui était Cicéron. Oui, que suis-je à présent ?

À Atticus, 3, 15, 2

Il reconnaît ses erreurs de stratégie.

Oui, aveugle, je fus aveugle de prendre des habits de deuil, de m'adresser au peuple ; ces initiatives, si on ne s'en

1. Cicéron aura beaucoup de rancune contre ceux qui l'ont trahi en refusant de se battre pour lui. Il pense, par exemple, à Hortensius ou à Caton.

était pas pris à moi nommément, eussent constitué par elles-mêmes un danger.

À *Atticus,* 3, 15, 5

La faute n'appartient qu'à moi. Mon devoir était soit d'échapper au danger en acceptant la légation[2], soit d'opposer une résistance active et de mettre en œuvre de puissants moyens, soit de succomber en brave. Ce que j'ai fait est tout ce qu'il y a de plus misérable, de plus vil, de plus indigne de moi. Aussi accablé de douleur, je le suis encore de honte.

Ad Familiares, 14, 3, 1

Mais il a de la rancœur vis-à-vis des sénateurs qui l'ont « laissé tomber ».

Quelle confiance mérite Hortensius[3], je l'ignore. Tout en se donnant l'air de m'aimer extrêmement […], il s'est conduit envers moi de la façon la plus coupable et la plus perfide, lui et aussi Arrius[4] ; ce sont leurs conseils, leurs promesses, leurs doctes avis qui m'ont trompé et fait tomber dans l'abîme où je suis.

À *Quintus*, 1, 3, 7

Mais en 57, divine surprise : Pompée se retourne contre Clodius.

Pompée travailla au rappel de Cicéron. Il fit revenir à Rome, pour l'opposer à Clodius, celui qu'il en avait éloigné avec le concours de ce même Clodius. Ainsi, le cœur humain

---

2. Celle que lui proposait César.

3. Avocat renommé, ancien consul, Hortensius était l'un des sénateurs les plus influents.

4. Arrius avait été préteur et venait d'échouer aux élections pour le consulat.

est quelquefois sujet à de soudains changements, et tel homme qui semblait devoir nous être utile ou nuisible nous fait éprouver tout le contraire de ce que nous attendions. Pompée eut pour auxiliaires des préteurs et des tribuns qui proposèrent le décret au peuple. [...] Alors, sur le rapport de Spinther, le Sénat décréta le rappel de Cicéron, et le peuple sanctionna cette décision d'après la proposition des deux consuls.

Dion Cassius, *Histoire romaine*, 39, 6, 8

En Italie, l'accueil est triomphal. Il entre à Rome le 4 août 57.

Je vis, au cours de mon voyage, venir à moi de tous côtés des députés chargés de me féliciter [...]. Arrivé à la porte de Capène, je trouvai les degrés des temples couverts d'une foule de petites gens : elle me manifesta sa joie par les applaudissements les plus vifs ; et ce fut jusqu'au Capitole semblable affluence et mêmes applaudissements : sur le Forum et au Capitole même, c'était un merveilleux concours de peuple.

À Atticus, 4, 1, 4-5

Il doit faire face à des difficultés matérielles, sa maison du Palatin ayant été pratiquement détruite, et à des problèmes d'ordre privé, sans doute avec son épouse.

Mes autres sujets d'inquiétude sont plus secrets. J'ai l'affection de mon frère et de ma fille.

À Atticus, 4, 2, 7

Il trouve encore Clodius sur sa route, qui continue à représenter pour sa vie même, un danger réel.

Le 11 novembre, comme je descendais la voie Sacrée, il se mit à me poursuivre avec ses hommes. Hurlements, pierres, bâtons, glaives ; et tout cela à l'improviste. Je me réfugiai dans le vestibule de la maison de Tettius Damion. Ceux qui m'accompagnaient en interdirent aisément l'entrée aux acolytes de Clodius. Il aurait pu lui-même être tué ; mais j'entreprends de traiter le malade par le régime, j'en ai assez de la chirurgie.

À Atticus, 4, 3, 3

Mais, dans un premier temps, il règle ses comptes, en évoquant la lâcheté des sénateurs.

Après mon départ, vous avez vu des hommes, le fer à la main, parcourir la ville en tous sens, les maisons des magistrats attaquées, les temples des dieux incendiés, les faisceaux d'un consul éminent et illustre brisés, la personne inviolable d'un tribun de la plèbe courageux et dévoué, je ne dis pas seulement touchée et profanée de la main, mais blessée et transpercée par le fer[5]. Bouleversés par le carnage, qu'ils aient craint la mort ou désespéré de la République, certains magistrats ont quelque peu abandonné ma cause.

Au Sénat, 3, 7

Les deux consuls de 58, Pison et Gabinius, qui n'ont pas levé le petit doigt pour le soutenir, ne sont guère ménagés. On peut être surpris par la violence des attaques verbales qu'échangeaient les hommes politiques de l'époque.

Il y avait deux consuls, dont l'esprit étroit, mesquin, petit, plongé dans les ténèbres et dans la fange, était incapable de contempler, de soutenir, d'embrasser l'idée même d'un

5. Pour empêcher un vote en faveur du rappel de Cicéron, Clodius avait multiplié les violences, en lançant notamment des troupes de gladiateurs à travers la ville. Le temple des Nymphes, qui contenait les registres du cens, avait été incendié, et le tribun P. Sestius, laissé pour mort.

consulat, l'éclat de cette magistrature, l'ampleur d'un tel pouvoir ; des consuls ? Non, des trafiquants, achetant des provinces et vendant votre dignité. L'un d'eux[6] me réclamait Catilina, son amant, devant de nombreux témoins, l'autre[7], Cethegus[8], son cousin germain ; tous deux, les pires scélérats qu'on ait jamais vus, moins consuls que brigands.

Au Sénat, 4, 10

Vis-à-vis de Clodius, il ne recule pas même devant les plaisanteries graveleuses…

Tu dis que je me fais passer pour Jupiter et que je prends Minerve pour ma sœur. Il y a moins d'orgueil à me faire passer pour Jupiter que d'ignorance à croire que Minerve est sa sœur. Du moins est-ce une vierge que je prends, moi, pour sœur, tandis que toi, tu n'as pas permis à la tienne de le rester[9].

Sur sa maison, 34, 92

Son alliance avec Pompée est hautement réaffirmée.

Y eut-il jamais dans cette cité un couple d'amis de rang consulaire que nous ne l'avons été, Cn. Pompée et moi ? Qui a parlé de ses mérites plus brillamment devant le peuple romain, plus fréquemment au Sénat ? Épreuves, rivalités, conflits, n'ai-je pas tout bravé pour soutenir ses titres ? Et lui, a-t-il jamais négligé de me rendre hommage, de proclamer ma gloire, de répondre à mon affection ?

Sur sa maison, 11, 27

6. Gabinius.
7. Pison
8. Cethegus avait été exécuté comme complice de Catilina.
9. Clodius passait pour entretenir des rapports incestueux avec sa sœur Clodia.

L'absence de réaction de Pompée lors de son exil est mise sur le compte d'un malentendu.

Cet accord entre nous, ce concert dans la sage administration de l'État, cette communauté si douce de vie et de bons offices, certains individus l'ont brisé par des paroles mensongères et de fausses accusations, l'invitant à me craindre et à se défier de moi, en même temps qu'ils me le présentaient comme mon adversaire le plus acharné, de sorte que je n'avais plus assez de hardiesse pour lui demander les services dont j'avais besoin et que lui, aigri par tant de soupçons que répandaient certains criminels, ne mettait plus assez d'empressement à me promettre l'appui que réclamait ma situation.

Sur sa maison, 11, 28

Néanmoins, Cicéron est lucide : il sait qu'en fait il avait été lâché par les triumvirs, qui avaient favorisé les menées de Clodius, même s'il affecte de penser qu'il ne faut pas faire fond sur les calomnies de Clodius. Cicéron nous laisse entendre que s'il a quitté Rome, ce n'était pas par peur de perdre le procès intenté par Clodius, mais à la suite de l'évaluation d'un rapport de force qui lui était trop défavorable.

Voici ce qui m'a ébranlé : dans toutes les assemblées du peuple, cette furie[10] criait que les mesures, prises par lui contre moi, étaient inspirées par Cn. Pompée, cet homme éminent, qui est aujourd'hui mon ami, comme il le fut toujours. M. Crassus, un homme de grand courage, à qui m'unissaient tous les liens de l'amitié, était, d'après les proclamations de cette même peste, très hostile à ma cause. Et C. César, qu'aucune faute de ma part ne devait m'aliéner, était représenté par Clodius, lors de ses réunions quotidiennes, comme acharné à ma perte. Ces trois hommes devaient,

10. Clodius.

selon ses dires, le guider dans ses décisions, le soutenir dans son action[11]. L'un d'eux, disait-il, avait en Italie une armée fort nombreuse, les deux autres, qui étaient alors de simples particuliers, pouvaient, s'ils le voulaient, lever une armée[12] et c'était, d'après lui, ce qu'ils allaient faire. Ce qu'il m'annonçait, ce n'était donc pas un procès devant le peuple, ni une poursuite légale, ni une contestation judiciaire, ni une cause à plaider, mais la violence, des armes, des armées, des généraux, des camps.

Pour Sestius, 17, 39

Politiquement, Cicéron reprend des forces.

La vérité, c'est que les mêmes gens qui m'avaient coupé les ailes ne veulent pas qu'elles repoussent. Mais elles repoussent dès à présent.

À Atticus, 4, 2, 5

Mais, coup de tonnerre : en avril 56, c'est la rencontre de Lucques. Les triumvirs décident de resserrer leur alliance. César sera maintenu dans son gouvernement des Gaules, Pompée et Crassus recevront le consulat pour 55, puis Pompée aura les deux Espagnes[13] et Crassus, la Syrie. Or, surprise : Cicéron appuie les décisions de Lucques ; en juin 56, il fait un superbe éloge de César, et justifie sa demande de prorogation en Gaule. Ce n'est pas que Cicéron soit fier de ce retournement.

Voilà longtemps que je grignote le morceau qu'il me faut avaler : eh bien ! J'éprouvais quelque petite honte de ma palinodie. Mais foin de cette politique dite de vertu,

11. Il semble que Clodius n'ait pas eu tort de proclamer que, dans son action contre Cicéron, il ait pu compter sur l'appui des trois.
12. César, avant de rejoindre la Gaule, était resté aux abords de Rome jusqu'au moment du vote de la loi contre Cicéron.
13. L'Espagne citérieure et l'Espagne ultérieure.

de loyauté, d'honneur[14] ! On n'imagine pas ce qu'il y a de perfidie chez ces gens qui se prétendent des chefs et le seraient en effet s'ils avaient quelque droiture. Je le savais, j'en avais fait l'expérience, ayant été par eux trompé, abandonné, trahi. N'importe, je voulais être d'accord avec eux dans l'action politique. Eux, ils restaient ce qu'ils avaient été. Ce n'est qu'avec peine qu'enfin, grâce à toi, j'ai ouvert les yeux[15].

À Atticus, 4, 5, 1

Mais il est prêt à assumer.

Puisque ceux qui n'ont aucun pouvoir me refusent leur amitié, tâchons de nous faire aimer de ceux qui sont tout-puissants.

À Atticus, 4, 5, 2

Derrière ce cynisme apparent se cache une profonde déception. Il a pris tous les risques pour défendre l'ordre sénatorial contre les puissants et l'ordre ne l'a pas soutenu lors de l'épreuve de l'exil. Il refuse de renouveler l'expérience. Allié aux triumvirs, Cicéron n'a plus à redouter les menées de Clodius.

Notre cause était commune et ils auraient pu, en me montrant de bons sentiments, me retenir ; ils m'ont éloigné d'eux à force d'envie : sache que l'extrême méchanceté de leurs attaques m'a fait abandonner ces vieilles opinions politiques qui étaient les miennes depuis si longtemps : ce n'est pas, bien entendu, que j'oublie ce que je me dois

14. Cela ne signifie nullement que Cicéron répudie ces notions de vertu et d'honneur. Mais il refuse de continuer à cautionner la politique des aristocrates qui prétendent l'enchaîner à ces principes, tandis qu'ils le « laissent tomber » dans les difficultés qui en résultent.

15. On constate souvent que si Atticus restait à l'écart de toute activité politique, il exerçait une influence certaine sur son ami Cicéron.

à moi-même, mais je fais enfin aussi entrer en ligne de compte ma sécurité. Les deux choses auraient pu fort bien se concilier, si la loyauté, si le sérieux ne faisaient pas défaut à des consulaires[16] ; mais la plupart d'entre eux ont l'âme si mesquine qu'ils seraient moins heureux de me voir ferme dans mon attitude politique qu'ils ne se sentent offusqués par l'éclat de ma position.

Ad Familiares, 1, 7, 7

Cicéron est très sensible à l'évaluation des rapports de force. Or, ceux-ci ont évolué.

Ceux qui ont le plus de ressources, qui disposent de la plus grande force armée, des plus puissants moyens d'influence[17], n'en ont pas moins [...] grâce à la sottise et au manque d'esprit de suite de leurs adversaires, obtenu ce résultat d'avoir aussi, désormais, la plus forte autorité morale.

Ad Familiares, 1, 7, 10

Et puis, la République est trop affaiblie pour supporter, en ce moment, de graves divisions.

Il fut un temps où cette cité était assez ferme et assez vigoureuse pour pouvoir supporter la négligence du Sénat ou même les outrages des citoyens. Elle ne le peut plus : le trésor est vide, les impôts ne rentrent pas dans les caisses des adjudicataires, l'autorité des dirigeants est abattue, l'accord des ordres est rompu, les tribunaux ont péri [...]. Les bons citoyens ne seront plus prêts à suivre un signe de notre ordre sénatorial, vous chercherez en vain désormais un citoyen qui brave la haine pour le salut de la patrie. C'est pourquoi, le

---

16. Les consulaires sont les anciens consuls. Ils jouissaient d'un prestige particulier au Sénat.
17. C'est-à-dire les triumvirs.

régime actuel, quel qu'il soit, ne peut être maintenu que dans la concorde.

Sur la réponse des haruspices, 28, 60

Il a même recours à son philosophe préféré, Platon, pour justifier le changement dans son attitude politique.

Pour citer encore Platon, dont l'autorité sur moi est si grande, il nous conseille de limiter nos efforts, en politique, à ce que nous pouvons faire accepter de nos concitoyens : il ne faut faire violence ni à son père, ni à sa patrie. Et voici comment il explique son abstention politique : sa rencontre avec le peuple athénien s'était faite à un moment où celui-ci était déjà vieux et radotait presque[18] ; il avait pu voir ses hommes d'État incapables de le gouverner ni par la persuasion ni par la force : dès lors il se disait qu'il était probablement impossible de le persuader, mais qu'on n'avait pas non plus le droit de le contraindre.

Ad Familiares, 1, 9, 18

Il est particulièrement intéressant d'étudier les raisons du rapprochement de Cicéron avec César, dont il était le plus éloigné politiquement, César étant la figure de proue du parti des « populaires ». En tout cas, ce rapprochement est hautement revendiqué.

Le Sénat a décidé en l'honneur de César des prières publiques d'un caractère très solennel et pour un nombre de jours inusité[19]. Malgré les difficultés du Trésor, il a versé sa solde à son armée victorieuse ; il a décidé qu'on lui donnerait dix lieutenants et il a été d'avis qu'on ne lui nomme pas de

18. Voir la cinquième lettre de Platon.
19. Pour son importante victoire contre Mithridate, Pompée avait eu droit à 10 jours de prières publiques. Pour sa victoire sur Arioviste, on octroya, en 57, 12 jours à César.

successeur, comme le prescrit la loi Sempronia[20]. C'est moi
qui ai proposé et présenté ces mesures et j'ai pensé qu'il
convenait moins de persister dans mon ancienne opposition
que de m'adapter aux circonstances politiques présentes et à
l'esprit d'entente. Les autres ne sont pas du même avis. Ils
sont peut-être plus intransigeants dans leur façon de voir.
Je ne blâme personne, mais je ne suis pas de l'avis de tout le
monde et je ne crois pas qu'il y ait de l'inconstance à régler
son opinion en politique, comme un navire sa marche, sur
l'état de l'atmosphère.

Pour Balbus, 27, 61

*Mais il y a d'autres raisons, et d'abord des raisons patriotiques :
Cicéron est favorable à la prorogation des pouvoirs de César en Gaule
parce que son action est vitale pour la sécurité de Rome.*

Depuis le début de notre empire, il ne s'est trouvé
personne qui n'eut la sagesse politique de penser que la
Gaule était particulièrement redoutable, mais la force et le
nombre de ces peuples ne nous avaient pas permis auparavant
d'engager contre eux une action d'ensemble. Nous résistions
seulement à leurs attaques incessantes : aujourd'hui enfin, on
est parvenu à faire coïncider les limites de l'empire et celles
du pays. Si les Alpes servaient auparavant de rempart naturel à
l'Italie, ce n'était d'ailleurs pas sans quelque dessein des dieux.
Car si l'accès de notre pays avait été ouvert à la sauvagerie et
à la masse des Gaulois, jamais notre ville n'aurait pu devenir
le centre ni le siège d'un grand empire [...]. Une ou deux
campagnes d'été et la crainte ou l'espérance, le châtiment ou
les récompenses, les armes ou les lois peuvent nous attacher
la Gaule entière par des liens éternels. Si le règlement de

20. Compte tenu de la durée du mandat prévue par la loi Sempronia,
votée à l'instigation de C. Gracchus, le commandement de César
en Gaule s'achevait en 55. Or, César entendait mener la conquête
jusqu'à son terme.

l'affaire ne reçoit pas la dernière main ou qu'il ne soit pas mûr, la puissance gauloise, tout en étant arasée, poussera de nouveaux surgeons et reprendra un jour une verdeur nouvelle pour ranimer la guerre […] Nous ne devons pas rappeler un général qui brûle de bien conduire les affaires publiques ni bouleverser et gêner le plan d'ensemble de la guerre des Gaules, dont le développement est dès maintenant presque entièrement réalisé.

Sur les provinces consulaires, 13, 33 et 14, 34-35

Cicéron ne se joindra donc pas aux sénateurs hostiles à César qui demandent son rappel pour des raisons politiques. Mais, au-delà de toute considération politique, il a des affinités avec César. D'abord des liens personnels. Il évoque…

…la vieille amitié qui […] nous avait unis, mon frère Quintus et moi, à César, mais aussi sa bonté et sa générosité que bien vite ses lettres et ses services nous permirent de reconnaître et d'éprouver.

Ad Familiares, 1, 9, 12

À son frère, il écrit même, en septembre 54 :

Non, je ne puis pas avoir d'arrière-pensée lorsque César est en jeu. Il occupe dans mon cœur une place qui le met tout de suite après toi et nos enfants.

À Quintus, 3, 1, 18

Son frère Quintus fut légat de César, et les deux frères lui vouent une certaine reconnaissance.

Je ne saurais passer sous silence la merveilleuse générosité de César envers mon frère et moi : quoi qu'il fît, mon devoir serait de le défendre ; mais dans les circonstances présentes, ce favori de la fortune et de la victoire, même s'il n'était

pas pour nous ce qu'il est, me paraîtrait néanmoins digne
de mon hommage.

Ad Familiares, 1, 9, 18

*Il se déclare souvent séduit pas son intelligence et par ses qualités
morales.*

Son intelligence pénétrante ne se laisse pas éblouir par
l'éclat de son propre renom, et les lumières de son esprit
ne sont pas offusquées par l'élévation de sa fortune et de
sa gloire [...]. Quant à moi, c'est cette générosité envers
les siens, cette fidélité à l'amitié que je mets au-dessus de
toutes les autres vertus.

Pour C. Rabirius Postumus, 16, 43-44

*Et puis, César est un bon orateur, que Cicéron salue en
connaisseur.*

Cette élégance, qui est chez lui la qualité dominante
s'unissant à toutes les autres qualités qui sont celles de tous
les orateurs, je ne vois pas à quel rival il doive la céder. Il
a une éloquence brillante et qui ne sent pas le moins du
monde le métier, une éloquence à laquelle sa voix, son geste,
sa beauté physique aussi, donnent une certaine magnificence
et comme un air de grande race.

Brutus, 75, 261

*César lui rend bien son estime. Rédigeant, pendant la guerre
des Gaules, un savant traité* Sur l'analogie, *il le dédie à Cicéron
en termes particulièrement flatteurs.*

Et si, pour arriver à donner à la pensée une expression
brillante, quelques-uns ont employé tout ce qu'ils avaient
d'application et d'expérience (et dans cette œuvre, toi, Cicéron
qui as presque été le premier à donner l'exemple et à découvrir

les lois de l'abondance oratoire, nous devons te considérer comme ayant fait honneur au nom et à la dignité du peuple romain), la connaissance de la langue familière et de tous les jours est-elle une chose qu'il faille tenir pour négligeable ?

Brutus, 72, 253

C'est vrai, ils ne sont pas du même bord et Cicéron le reconnaît volontiers au Sénat.

Personnellement, dans le domaine politique, mes opinions, je l'avoue, sont en désaccord avec celles de César, mais en accord avec les vôtres.

Sur les provinces consulaires, 10, 25

Mais parlant à son frère de Pompée, il ne semble pas nourrir pour ce dernier la même estime intellectuelle.

Ô dieux ! Quelle sottise ! Quel égoïsme d'un homme qui est amoureux de lui-même sans rival !

À Quintus, 3, 6, 3

Malgré tout, il veut rester persuadé que Pompée est l'homme qu'il faut suivre.

Tiens seulement pour assuré que Pompée est un grand citoyen, que son cœur et sa raison sont prêts pour toutes les mesures que la situation politique commande [...]. Il voit désormais les bons et les mauvais citoyens là où nous les voyons.

Ad Familiares, 2, 8, 2

En 54, Cicéron rassure son frère : la situation est bonne.

Comment j'envisage l'année qui va venir : je la vois ou parfaitement calme pour nous ou, à tout le moins des plus sûres ; c'est ce à quoi chaque jour ma maison, le Forum, les manifestations du théâtre me rendent sensibles. Et je suis sans inquiétude, ayant je ne sais quel sentiment propre des forces dont nous disposons, parce que l'amitié de César, l'amitié de Pompée nous sont acquises. Tout cela fait que j'ai confiance. Si quelque accès de fureur de l'aliéné[21] venait à se produire, tout est prêt pour le briser.

À Quintus, 2, 14, 2

Cicéron est tranquille, certes. Mais il est aussi désabusé.

Au Forum, tranquillité parfaite, mais c'est celle d'une cité qui vieillit plutôt que d'une cité qui se repose ; l'avis que j'exprime au Sénat est de nature à me valoir l'approbation d'autrui plus que la mienne.

À Quintus, 2, 13, 4

En 54, tous les candidats au consulat ont été accusés de brigue.

On va doucement vers un interrègne[22] et l'on respire je ne sais quelle odeur de dictature.

À Atticus, 4, 18, 3

Cicéron a de nobles occupations, mais qui ne le comblent pas.

Certes, je me tiens éloigné de toute occupation politique, et je me consacre aux lettres ; cependant, je vais te dire une chose que, ma foi, je m'étais bien promis de tenir cachée, à toi tout le premier. J'ai le cœur serré, mon frère, oui, j'ai le cœur serré de voir qu'il n'y a plus de République, plus

---

21. Clodius, qui continue à s'agiter.
22. Lorsque les élections ne pouvaient avoir lieu en raison de troubles graves, ou en cas de disparition des consuls, on nommait, à titre temporaire, un interroi.

de tribunaux, et que cette époque de ma vie[23] qui devrait s'épanouir, dans le prestige de l'autorité souveraine que j'eus jadis au Sénat, est livrée aux épuisantes besognes du barreau ou réduite aux consolations de l'étude solitaire ; que cet idéal dont je m'étais épris dès mon enfance, « Être premier de loin et l'emporter sur tous »[24], n'est plus qu'un rêve mort ; que j'ai dû m'abstenir d'attaquer mes ennemis, et certains même les défendre ; que je ne suis pas plus libre dans mes haines que dans mes affections.

À Quintus, 3, 5, 4

Le triumvirat est incompatible avec la République.

Ce que j'ai pu espérer, après tant d'honneurs et tant de travaux, le droit d'exprimer dignement mon avis et de participer librement aux affaires publiques, ce droit a été complètement supprimé, et pour tous les citoyens non moins que pour moi-même. Il faut approuver, au mépris de sa conscience, une poignée de gouvernants, ou bien se livrer à une opposition impuissante.

Ad Familiares, 1, 8, 3

Mais, au milieu des années 50, un homme se dresse contre Clodius, aussi ambitieux et violent que lui.

Sous le consulat de Lentulus[25], le désordre alla si loin que des tribuns furent blessés au Forum et que Quintus, le frère de Cicéron, fut par mégarde laissé pour mort au milieu des cadavres. Alors le peuple commença à changer d'avis ; le tribun Annius Milon osa le premier citer Clodius en justice pour violences.

Plutarque, *Vie de Cicéron*, 33, 4

---

23. Cicéron a cinquante et un ans.
24. *Iliade*, 6, 208.
25. En 57.

Milon se présente au consulat en 53. Cicéron lui est tout acquis.

Tous mes désirs, mes efforts, mes soins, mon activité, enfin mon âme entière sont attachés au consulat de Milon : c'est le lieu unique de mes pensées [...]. En vérité, je crois que jamais personne n'a pris tant à cœur la préservation de sa propre vie et de ses biens que je ne fais le succès de Milon. Tout pour moi en dépend, j'en suis convaincu.

Ad Familiares, 2, 6, 3

Pourtant, le personnage n'a pas soulevé beaucoup de sympathie.

Milon, qui était le collègue de Clodius[26], et avait encore moins de scrupules que ce dernier.

Appien, *Guerres civiles*, 2, 3, 1

Milon est battu. Le 20 janvier 52, c'est le drame : les bandes de Milon et de Clodius se croisent sur une route.

Un esclave de Milon se précipita sur Clodius [...] et le frappa d'un coup de poignard dans le dos. Son palefrenier l'emmena, ruisselant de sang, dans l'auberge voisine, alors Milon surgit avec ses esclaves, et l'acheva.

Appien, *Guerres civiles*, 2, 3, 21

Dans la plèbe, c'est l'émotion.

Quand le triste événement fut divulgué, la plèbe, sous le choc, passa la nuit sur le Forum, puis des partisans de Clodius, au lever du jour, portèrent son corps sur les Rostres[27]. Ensuite, il fut emporté par certains des tribuns, par les

---

26. Comme tribun.
27. Tribune aux harangues, située tout près de la curie, le siège du Sénat.

amis de Clodius, puis par le reste de la foule avec eux, et transféré dans le bâtiment du Sénat, soit pour rendre hommage à sa naissance sénatoriale, soit pour outrager le Sénat qui souffrait de tels crimes. Puis les plus impulsifs des manifestants firent un tas des bancs et des fauteuils des sénateurs, et l'allumèrent comme bûcher pour Clodius, après quoi le bâtiment du Sénat et un grand nombre de maisons voisines brûlèrent avec son cadavre.

Appien, *Guerres civiles*, 2, 3, 21

Paniqué, le Sénat désigne Pompée consul unique. C'est l'apogée de Pompée.

Pompée était alors tout à Rome. Le Sénat éprouvait pour lui la plus grande bienveillance, par rancœur contre César qui n'avait pas du tout eu recours à lui pendant son propre consulat, et parce que Pompée avait énergiquement remis sur pied l'État en proie à la maladie, sans avoir, pendant la durée de son pouvoir, ennuyé ou tracassé aucun des sénateurs.

Appien, *Guerres civiles*, 2, 4, 25

Au procès de Milon, qui a lieu en avril 52, c'est Cicéron qui assure la défense de son nouvel ami, mais Pompée, en accord avec César, a décidé que Milon devait être condamné et il emploie les grands moyens.

Alors que la nuit durait encore, Pompée fit donc entourer de soldats le Forum à partir des collines. Milon, craignant que Cicéron, troublé à la vue de ce dispositif inaccoutumé, ne plaidât moins bien, le persuada de se faire porter en litière au Forum, et d'y rester tranquillement jusqu'au moment où les juges seraient réunis et le tribunal au complet. Cicéron, paraît-il, n'était pas seulement timoré sous les armes, mais il éprouvait de la crainte même quand il devait parler, et, dans beaucoup de procès, il cessait à peine d'être ému et de trembler lorsque son éloquence atteignait tout son éclat et toute sa fermeté. [...] Quand Cicéron, sortant de sa litière, vit Pompée assis tout en haut, comme au milieu d'un camp, et les armes qui étincelaient tout autour du Forum, il se troubla et eut de la peine à commencer son discours. Il frissonnait et sa voix s'étranglait, alors que Milon lui-même assistait aux débats plein de hardiesse et d'assurance, et avait jugé indigne de lui de laisser croître ses cheveux et de prendre un habit de couleur sombre[28]. Cette attitude semble avoir été d'ailleurs la principale cause de sa condamnation. Quant à Cicéron, on attribua son émotion à la chaleur de son amitié plutôt qu'à la crainte[29].

Plutarque, *Vie de Cicéron*, 35, 2-5

En 53, Cicéron avait été coopté dans le collège des augures. Ce collège, composé de 15 membres, avait un rôle religieux important, puisqu'il possédait la science des présages, mais aussi un rôle politique, puisqu'il pouvait, à tout moment, pour des prétextes religieux, interrompre l'assemblée du peuple. En 51, il est désigné, en tant qu'ancien consul, pour être gouverneur de la Cilicie[30].

28. Les accusés à Rome se présentaient souvent en suppliants, en tenue sombre et la chevelure en désordre.

29. Milon fut condamné à l'exil par 38 voix contre 13, et le magnifique plaidoyer de Cicéron *Pour Milon* qui nous est parvenu n'a été rédigé que plus tard.

30. La province de Cilicie comprenait la Cilicie proprement dite, au sud de la Turquie actuelle,, la Pamphylie, la Pisidie, le sud de la Phrygie, la Lycaonie, ainsi que l'île de Chypre.

LE PROCONSULAT EN CILICIE ET LES DÉBUTS DE LA GUERRE CIVILE

51-48

Ce Romain qui ne se plaît qu'à Rome ne tarde pas à avoir le mal du pays.

Je suis arrivé à Laodicée[1] le 31 juillet. Rien de plus impatiemment attendu que mon arrivée, rien qui provoque plus de joie. Mais on ne saurait croire combien le métier me dégoûte, à quel champ étroit est limitée cette ardeur à entreprendre que tu connais si bien, comme en vient à chômer ma brillante activité. Ah oui! Rendre la justice à Laodicée, quand à Rome, c'est un A. Plotius[2] qui la rend! Et quand notre ami[3] a une si grande armée, être, pour la forme, le chef de deux légions squelettiques! Pour tout dire, ce n'est pas cela qui me manque : le grand jour de la vie publique, le Forum, la ville, ma maison, vous tous, voilà ce qui me manque. Cependant, je supporterai mon sort comme je pourrai, pourvu que ce soit pour un an. Si on me proroge[4], c'en est fait de moi.

À Atticus, 5, 15, 1

---

1. Ville de Phrygie.
2. Était préteur en 51. On croit comprendre qu'il manquait d'envergure.
3. Pompée.
4. En principe, on était nommé gouverneur d'une province pour un an. Mais le Sénat pouvait décider une prolongation du mandat.

Cicéron trouve une province ruinée par les prélèvements de son prédécesseur, Appius Claudius, le frère de P. Clodius, l'ennemi juré de Cicéron. On sait que beaucoup de gouverneurs romains profitaient de leur gouvernement des provinces pour faire fortune.

Je suis arrivé, dans une malheureuse province complètement ruinée pour jamais. [...] Je n'ai entendu parler que d'une chose, l'impossibilité où on est de payer la capitation exigée : partout la perception en a été cédée à des fermiers[5], les cités gémissent, pleurent : agissements monstrueux qui ne sont point d'un homme, mais de je ne sais quelle bête féroce. Que te dirai-je ? Ils ont complètement perdu le goût de vivre.

À Atticus, 5, 16, 2

Tout Cicéron est là : un profond sens de l'humain, une probité remarquable dans l'exercice de ses fonctions, mais il n'attend pas que d'autres l'en complimentent.

Ce qui soulage cependant ces pauvres cités, c'est qu'elles ne font aucune dépense pour moi ni pour mes légats ni pour mon questeur ni pour personne. Sache que nous n'acceptons ni foin, ni ce qu'on donne d'ordinaire en application de la loi Julia[6], même pas de bois, et que, sauf quatre lits et un toit, personne n'accepte rien, en bien des endroits, pas même un toit : nous restons le plus souvent sous la tente. Aussi de tous les champs, villages ou maisons on accourt vers moi avec un empressement incroyable. Oui, ma parole ! C'est une résurrection que provoque notre approche.

À Atticus, 5, 16, 2

5. Qui feront rentrer avec usure des taxes, que les cités d'ordinaire percevaient directement.
6. Qui réglait les contributions que devaient verser les populations locales pour les frais d'entretien du gouverneur.

Dans une lettre à son prédécesseur, Cicéron essaie de distinguer, aussi civilement que possible mais avec un humour cinglant, la différence dans leur façon de gouverner.

Ta libéralité, comme il est naturel chez un homme de si haut lignage[7], s'est ouverte largement sur la province ; la mienne est plus serrée… Mais les gens ne doivent pas s'étonner qu'ayant toujours été par tempérament peu porté à faire des largesses avec le bien d'autrui, et ne réagissant pas autrement que les autres,

« Je m'occupe peu de leur plaire,
Afin d'être content de moi[8]. »

Ad Familiares, 3, 8, 8

Il convient d'autant plus d'insister sur la probité de la gestion de Cicéron qu'elle est exceptionnelle. Les Romains trouvaient parfaitement naturel de pressurer les provinces, en vertu du droit du vainqueur. On en a un exemple avec l'affaire de Salamine. Brutus, le futur assassin de César, considéré comme le symbole vivant du Républicain vertueux et intransigeant, comme son oncle Caton, avait prêté une somme importante au taux usuraire de 4 % par mois. La malheureuse cité ne pouvant rembourser, le prédécesseur de Cicéron avait fait envoyer un préfet avec des troupes pour obtenir par la violence le remboursement. Atticus, ami de Brutus, demande à Cicéron de maintenir la pression. Cicéron refuse, au risque de se brouiller avec Brutus, et rappelle les cavaliers que son prédécesseur avait envoyés à Salamine.

Le Préfet envoyé par Appius[9] avait eu bel et bien des pelotons de cavalerie, lesquels lui avaient servi à assiéger,

---

7. Appius Claudius aimait rappeler que, contrairement à Cicéron, il était, lui, de vieille noblesse.
8. Vers d'auteur inconnu.
9. Le prédécesseur de Cicéron en Cilicie.

à Salamine[10], le Sénat enfermé dans la curie, si bien que cinq sénateurs étaient morts de faim. Aussi, le jour où je suis entré dans ma province, des envoyés de Chypre étant venus à ma rencontre à Éphèse, j'ai écrit une lettre donnant ordre que les cavaliers quittent l'île aussitôt. [...] Voici quel est mon état d'esprit : si Brutus pense que j'aurais dû fixer l'intérêt à 4 % par mois, quand dans toute la province je m'en tenais au taux légal de 1 %, que c'était là le taux fixé par mon édit et qu'il était accepté même par les prêteurs les plus âpres, s'il se plaint que j'ai refusé une préfecture à un homme d'affaires, [...] s'il prend mal le rappel des cavaliers, je serai, à coup sûr, chagriné qu'il soit fâché contre moi, mais je le serai bien plus encore de voir qu'il n'est pas ce que j'avais imaginé.

À Atticus, 6, 1, 6

La Cilicie est menacée par une invasion des Parthes. Il marche à leur rencontre. Finalement, les Parthes ne viennent pas, mais Cicéron en profite pour pacifier la région.

Il fit aussi la guerre et mit en déroute les brigands qui habitaient autour de l'Amanus[11], et il fut même à cette occasion proclamé imperator[12] par ses soldats.

Plutarque, *Vie de Cicéron*, 36, 6

Ce qui donne à Cicéron, qui en était friand, l'occasion d'un bon mot.

Comme l'orateur Caelius l'avait prié de lui envoyer de Cilicie à Rome des panthères pour un spectacle qu'il voulait

---

10. La ville la plus importante de l'île de Chypre.
11. Le mont Amanus se trouve dans la chaîne du Taurus, au sud-est de la Cilicie.
12. C'est-à-dire « général en chef ». C'était le titre que les soldats décernaient aux généraux vainqueurs.

donner, Cicéron lui écrivit en faisant valoir ses succès :
« Il n'y a point de panthères en Cilicie, car elles ont fui en
Carie[13], indignées d'être seules en butte à la guerre quand
ici tout est en paix. »

Plutarque, *Vie de Cicéron*, 36, 6

*Il souhaiterait que le Sénat lui vote, pour cette victoire pourtant
bien modeste, des honneurs, comme des prières d'actions de grâces,
et demande son appui à Caton. Mais avec l'austère stoïcien, il
convient de mettre les formes.*

Tu me demanderas peut-être pour quelle raison j'attache
tant d'importance à ce vain témoignage de satisfaction et à
ce semblant d'honneur décerné par le Sénat [...]. Si jamais
quelqu'un fut éloigné par sa nature et, plus encore – je
crois en avoir du moins le sentiment – par ses convictions
philosophiques de la gloriole et de l'encens populaire, je
suis assurément celui-là. [...] Mais après l'injustice subie[14]
– cette injustice que tu nommes constamment malheur
public [...] – je me suis attaché à obtenir du Sénat et du
peuple romain les jugements les plus éclatants. C'est pour
cette raison que j'ai voulu par la suite, être nommé augure,
ce dont, antérieurement, je ne m'étais pas préoccupé ; et
qu'à présent je crois devoir rechercher cet honneur dont le
Sénat récompense d'ordinaire les exploits guerriers, et que
j'avais jadis négligé.

Cette ambition que j'ai aujourd'hui, et où entre pour
une part le désir de guérir la blessure ouverte par l'injustice,
je te demande instamment, après avoir il y a un instant
déclaré que je ne la demanderais pas, de l'accueillir avec
faveur et de la seconder.

Ad Familiares, 15, 4, 13-14

13. Province située au nord-ouest de la Cilicie.
14. Son exil.

Il est très fier d'exercer une gestion de bon père de famille.

Sous le gouvernement [d'Appius], la province avait été épuisée par les dépenses et le gaspillage ; sous le mien, on ne lui a pas demandé un sou, ni à titre privé ni officiellement. Et ses préfets, ses attachés, ses légats ! Et puis leurs actes arbitraires, leurs rapines ! Aujourd'hui, il n'y a pas, je le jure, une maison privée qui soit gouvernée avec autant de sagesse et autant d'ordre que ma province tout entière, ni où règne une aussi parfaite mesure.

À Atticus, 6, 1, 2

Il se flatte d'avoir fait rendre gorge à des profiteurs, sans violences.

On avait volé étonnamment dans les cités ; des Grecs eux-mêmes, leurs propres magistrats. J'ai enquêté personnellement sur les magistrats des dix dernières années. Ils avouaient sans détour. Alors, sans aucun scandale, ils ont rapporté de leurs mains l'argent dans les caisses publiques.

À Atticus, 6, 2, 5

Mais ce Romain ne peut décidément se passer de sa ville et la nostalgie s'empare rapidement de lui.

Ah Rome ! Mon cher Rufus, c'est Rome qu'il faut habiter, dans cette lumière qu'il faut vivre. Il n'y a point de séjour à l'étranger – j'en ai ainsi jugé dès mon adolescence – qui ne soit obscur et misérable quand on peut à Rome faire briller son activité. Et, puisque je le savais si bien, que ne suis-je resté obstinément sur ma position ? Entre une seule petite promenade, parbleu, une seule de nos conversations, et tout le bénéfice d'un gouvernement provincial, je ne vois aucune comparaison possible.

Ad Familiares, 2, 12, 2

Aussi part-il dès qu'il le peut.

En revenant de sa province, il commença par aborder à Rhodes, puis il fit à Athènes un séjour qu'enchantait le souvenir de ses anciennes études. Il y fréquenta les hommes qui tenaient le premier rang par leur culture, salua ses amis et connaissances, et après avoir reçu de la Grèce de justes tributs d'admiration, il rentra à Rome, où les affaires, comme sous l'effet d'une inflammation, tournaient déjà à la guerre civile.

Plutarque, *Vie de Cicéron*, 36, 7

Cicéron rentre à Rome le 4 janvier 49. Le triumvirat a vécu. Crassus est mort en combattant les Parthes et Julie, femme de Pompée et fille de César, qui pouvait être un trait d'union entre les deux hommes, est morte. Le Sénat entend que César abandonne son commandement en Gaule. Pompée, après quelques tergiversations, se rallie à la position du Sénat. Le 12 janvier, César franchit le Rubicon.

49

Dans les semaines qui précèdent le conflit armé, Cicéron reste dubitatif.

À la fin cependant tu[1] m'as décidé à m'engager à l'un à cause de tout ce que je lui dois[2], à l'autre à cause de sa puissance[3]. J'ai donc fait, et l'ai fait sans ménager mes complaisances, en sorte que ni l'un ni l'autre n'eût personne plus cher que moi. Je pensais ne jamais risquer d'être entraîné ni par mon union avec Pompée à la fatalité d'une faute politique, ni par ma sympathie pour César à une guerre contre Pompée. Si étroite était leur union. Mais voici que menace [...] le plus grave conflit entre eux. Or, chacun d'eux me compte pour sien. À moins que l'autre ne le feigne ; mais Pompée n'en doute pas ; et il juge bien : ses idées politiques actuelles, je les approuve tout à fait. Or, de tous deux j'ai reçu [...] des lettres où chacun a l'air de faire sur moi plus de fond que sur quiconque. Au juste, que faire ?

À Atticus, 7, 1, 2-3

Mais pour embarrassé qu'il soit, Cicéron n'oublie pas ses exploits militaires. Il en veut à Caton, qui ne l'a pas soutenu au Sénat pour l'obtention d'honneurs décernés pour sa victoire en Cilicie.

Et que devient Caton ? Il m'a traité avec une indigne malveillance. À mon désintéressement, à ma justice, à ma

---

1. Atticus.
2. Pompée.
3. César.

clémence, à ma conscience, il a rendu un témoignage que je ne sollicitais pas ; ce que je demandais, il l'a refusé. Aussi César, dans la lettre où il me félicite et me fait toutes sortes de promesses, comme il exulte de ce comble d'injurieuse ingratitude à mon égard ! Et c'est ce même Caton qui pour Bibulus[4] va jusqu'à vingt jours ! Pardonne-moi : je ne puis le supporter et je ne le supporterai pas[5] !

À Atticus, 7, 2, 7

C'est qu'il y tient à son triomphe ! Car, au-delà des actions de grâces, c'est bien le triomphe qu'il vise, ce défilé somptueux réservé aux généraux victorieux.

Sans cette troublante envie du triomphe qu'on nous a mise en tête, et que toi aussi tu approuves, tu n'aurais certes pas à chercher bien loin l'homme d'État dont j'ai tracé le modèle en mon sixième livre[6]. [...] Et encore, je n'hésiterai pas aujourd'hui à renoncer à une si belle perspective, s'il le faut. Au vrai, on ne peut à la fois et se ménager les appuis pour le triomphe et garder sa liberté politique. Mais ne va pas craindre qu'en moi jamais l'honneur se laisse primer.

À Atticus, 7, 3, 2

---

4. Bibulus, gouverneur à la même époque en Syrie, avait eu droit à des actions de grâces votées par le Sénat pour une victoire que Cicéron jugeait plus médiocre que la sienne.

5. Caton n'avait pas voulu voter les supplications en l'honneur de Cicéron, tout en s'associant aux éloges qui lui étaient décernés. Cette crise dans leurs relations sera passagère.

6. Au sixième livre de la *République*, Cicéron campe un Scipion qui aspire à de plus sublimes récompenses qu'au triomphe. Atticus, à qui cette lettre est adressée, goûtait beaucoup cet ouvrage.

Pour en revenir au conflit qui s'annonce, dans un premier temps, Cicéron met en cause la responsabilité de Pompée qui a favorisé, avec le triumvirat, l'ascension de César.

Pourquoi son commandement fut-il prorogé, et pourquoi de cette façon, pourquoi à si grand effort a-t-on lutté pour faire présenter par dix tribuns de la plèbe le projet de loi qui lui permettait de se porter candidat sans être à Rome ?[7] Par toutes ces démarches, le voilà devenu si puissant qu'aujourd'hui un seul citoyen[8] est l'espoir de la résistance ; un citoyen qui aurait mieux fait de ne lui point donner tant de forces que d'avoir à résister maintenant à un si puissant adversaire !

À Atticus, 7, 3, 4

Dans les dernières semaines de l'année 50, Cicéron plaide la réconciliation.

Mais Pompée lui-même, je le prendrai à l'écart pour l'exhorter à la concorde. Car je sens bien que le péril est immense [...]. On a affaire à l'homme le plus audacieux[9], le plus prêt ; forment un parti avec lui tous ceux qu'a atteints une condamnation, [...] toute la jeunesse peu s'en faut, toute cette pègre de la plèbe urbaine, des tribuns vigoureux, [...] tous ceux qui succombent sous leurs dettes (et je m'aperçois qu'ils sont plus nombreux que je ne pensais). À cette cause rien absolument ne manque, sinon une juste cause. De l'autre côté[10], tout le monde fait tout son possible pour éviter qu'on cherche une décision par la guerre : l'issue est

---

7. La loi prévoyait qu'on ne pouvait être candidat au consulat en étant absent de Rome. En 60, César avait demandé une dérogation, et Pompée l'avait soutenu.

8. Pompée.

9. César.

10. Celui de Pompée.

toujours douteuse, mais dans les circonstances présentes il y a trop à craindre pour l'un des deux partis.

À Atticus, 7, 3, 5

Et puis Cicéron a un mobile personnel pour vouloir la paix : il est débiteur de César.

Quant à moi, le plus pénible, c'est d'avoir à rembourser César, et avec l'argent que je destinais aux frais du triomphe : car il n'est point décent d'être débiteur d'un adversaire politique.

À Atticus, 7, 8, 5

Cicéron fait une analyse lucide des rapports de force. Il est très nettement en faveur de César.

Dans les discordes civiles, c'est de classes qu'il s'agit, de groupes homogènes. Penses-tu qu'il soit du bon parti ce Sénat qui laisse les provinces sans proconsuls[11] ? […] Du bon parti les publicains ? Ils ne sont jamais sûrs, mais pour le moment, César n'a pas meilleurs amis. Les banquiers ? Les cultivateurs ? Ils ne désirent que la tranquillité : à moins de s'imaginer qu'ils craignent une tyrannie, eux qui, jamais, pourvu qu'ils restent en paix, ne l'ont refusée.

À Atticus, 7, 7, 5

Alors, que faire ?

Et donc, dis-tu, que vas-tu faire ? Suivre l'exemple des animaux, qui, dispersés, se rallient aux hardes de leur espèce ? Comme un bœuf son troupeau, je suivrai les bien-pensants,

---

11. Pour gouverner les provinces importantes, le Sénat devait désigner d'anciens magistrats de rang élevé, consuls ou préteurs. Or la Cilicie et les Espagnes venaient d'être confiées à des magistrats de rang inférieur.

ou ceux qui se diront tels, fût-ce vers le précipice. Mais je vois très bien quelle est la meilleure solution[12] avec un si mauvais départ.

À Atticus, 7, 7, 7

Mais, en janvier, c'est la guerre. Cicéron exerce un commandement sur front de mer, poste étonnant si l'on songe que César n'a pas de flotte. D'autre part, la guerre civile aggrave certains problèmes familiaux.

J'exerce pour l'instant, de Formies, le commandement du front de mer. Je n'ai voulu assumer aucune responsabilité plus importante, pour qu'auprès de César mes lettres et mes appels pressants à la paix eussent plus de poids. Mais si c'est la guerre, je vois que j'aurai un commandement militaire avec plusieurs légions[13]. J'ai encore un ennui d'importance : Dolabella, mon gendre, est auprès de César.

Ad Familiares, 16, 12, 5

C'est un étrange ballet qui commence. Quand un Romain postulait à l'honneur du triomphe, il ne devait, avant le jour de la cérémonie, jamais se séparer d'une troupe de licteurs qui l'accompagnent partout. Dans ces errances, Cicéron sera toujours accompagné de cette encombrante escorte.

Je me suis décidé à partir avant qu'il fît jour, pour éviter les regards curieux ou les propos, à quoi n'engagent que trop mes licteurs avec leurs lauriers.

À Atticus, 7, 10, 1

12. La recherche d'un compromis.
13. En réalité, Cicéron n'aura aucun commandement militaire pendant la guerre civile.

Devant l'avance foudroyante de César, Pompée a décidé de quitter Rome pour se diriger vers Brindes, puis gagner la Grèce, où il espère se constituer une puissante armée. Cicéron est furieux.

Son abandon de Rome, je n'en vois pas la raison ; et puis, rien de plus mal à propos. Abandonner Rome ! On ferait de même si les Gaulois revenaient ? « Ce ne sont point des bâtisses qui constituent la République. » Non ; mais les autels et les foyers. « Thémistocle a agi ainsi[14]. » C'est qu'à elle seule, la ville ne pouvait soutenir le flot de tous les barbares. Mais ainsi n'a pas agi Périclès, cinquante ans plus tard, quoiqu'en dehors des remparts il n'eût plus rien[15]. Et les nôtres autrefois, quand tout le reste de la ville était au pouvoir de l'ennemi, tinrent cependant la citadelle[16] ; et « ainsi fut glorifié le nom de nos ancêtres[17] ».

À Atticus, 7, 11, 3

C'est l'inquiétude : doit-il rester à Formies ?

Je ne sais quelle décision prendre. Et, pardieu, ce n'est pas de moi que je suis en peine : mais je ne vois pas quoi faire des enfants.

À Atticus, 7, 19

L'heure est au désarroi.

Mais le temps est passé des accommodements. Je ne vois pas dans l'avenir. Notre faute en tout cas est certaine,

---

14. Voir *La Véritable Histoire de Thémistocle*, Les Belles Lettres, Paris, 2012.

15. Lors de la guerre du Péloponnèse, contre Sparte. Voir *La Véritable Histoire de Périclès*, Les Belles Lettres, Paris, 2008.

16. En 390, les Romains tinrent, sur le Capitole, un siège de sept mois face aux Gaulois.

17. Homère, *Iliade*, 9, 524.

ou celle de notre chef, d'être sortis du port sans gouvernail
pour nous livrer à la tempête.

À Atticus, 7, 13a, 2

Il n'est effectivement pas tendre avec Pompée.

Quand les causes qu'il soutenait étaient mauvaises, il
n'a jamais manqué de réussir[18] ; dans la meilleure qui soit,
il succombe ! Et pourquoi donc ? Sinon qu'aux premières
tâches, il était suffisant, parce que le discernement n'y était
pas difficile, et que la dernière a dépassé sa capacité, parce
que c'était un art difficile que la bonne conduite de l'État.

À Atticus, 7, 25

*Le meilleur argument qui milite en faveur de Pompée est
d'ordre institutionnel : la plupart des magistrats et des sénateurs
le suivent.*

Quant à ce que [César] fera, et comment au Sénat, sans
un magistrat, je l'ignore : il ne pourra même pas simuler
l'ombre d'une vie constitutionnelle.

À Atticus, 7, 13a

*Toutefois, les ponts ne sont pas complètement rompus avec
César.*

Bien des gens m'ont écrit que César était fort content
de moi. Je n'y ai point regret, pourvu que je persiste à ne
manquer en rien à l'honneur.

À Atticus, 7, 23, 3

*En tout cas, en février et mars 49, Cicéron ne se décide toujours
pas. Revenir à Rome, ce serait collaborer avec César. Mais les*

18. Cicéron pense notamment à la période du triumvirat.

Pompéiens les plus intransigeants ne seront-ils pas les premiers à faire acte d'allégeance au vainqueur ?

Ne va donc pas t'étonner si je m'abandonne de si mauvaise grâce à un parti qui jamais n'a cherché les moyens de la paix ni la victoire, toujours ceux d'une fuite de honte et de catastrophe. Mais nécessité d'aller : il faut, quels que soient les hasards et leurs risques, m'y soumettre avec ceux qui se disent bons citoyens plutôt que de paraître en désaccord avec tout le monde. Quoique le jour approche, je le vois, où de ces bons citoyens, gens fortunés j'entends et gros propriétaires, Rome sera pleine, en attendant qu'elle en regorge, quand les municipes de par ici auront été abandonnés.

À Atticus, 8, 1, 3

Cicéron est agacé par ces gens de bien qui dénoncent ses tergiversations.

Mais moi, je m'attarde dans mon domaine de Formies, pour être plus à portée des nouvelles ; j'irai ensuite à Arpinum ; de là, par le chemin le moins fréquenté, vers la mer Adriatique, après avoir éloigné ou définitivement congédié mes licteurs. Car on me dit que ces braves citoyens, qui aujourd'hui comme souvent auparavant ont été d'un grand secours à l'État, trouvent mauvais que je ne sois pas encore parti et qu'ils discutent ferme et avec sévérité sur mon cas, en prolongeant, bien sûr, leurs festins.

À Atticus, 9, 1, 2

Il pose les termes de son dilemme de façon marquante.

Je sais qui fuir ; je ne sais qui suivre.

À Atticus, 8, 7, 2

Dans ses hésitations, entre une lourde interrogation : est-on sûr que les Pompéiens vainqueurs seront meilleurs que les Césariens ? Cicéron a-t-il vraiment plus d'affinités avec eux ?

À les entendre tous, [...] ce ne sont là-bas[19] que propos menaçants, haine contre des gens du même parti, guerre aux municipes, le pur esprit des proscriptions, de vrais Sylla [...]. Et mon âme est sans cesse en alerte, et je n'ai pas d'ombre de tranquillité et, pour fuir ces pestes de l'autre parti, j'aspire à être avec ceux qui me ressemblent le moins !

À Atticus, 9, 11, 3-4

Le 27 février 49, il adresse une lettre à Pompée, pour lui expliquer les raisons de la prudence de sa conduite : il a payé pour savoir qu'il est plus visé que d'autres.

Je me souvenais d'avoir été le seul à payer les immenses services que j'avais rendus à l'État des supplices les plus pitoyables et les plus cruels[20] ; et d'être le seul exposé aux mêmes épreuves, si j'offensais l'homme auquel, en pleine guerre, on ne laissait pas d'offrir un second consulat et le plus brillant triomphe[21]. Car il semble que je sois personnellement voué à procurer une cible populaire aux attaques des mauvais citoyens. Et ces dangers, je ne les ai point soupçonnés avant d'en avoir été averti ouvertement ; je n'en ai pas non plus tant redouté l'épreuve, s'il me la fallait subir, que je n'ai cru devoir en éviter le choc, si l'honneur de ma vie n'en était pas atteint.

À Atticus, 8, 11d, 7

19. Dans le camp de Pompée.
20. Souvenir de l'affaire Catilina. Pour les Romains, l'exil était comparable à la peine de mort.
21. Allusion à la politique incohérente de Pompée vis-à-vis de César.

*Cicéron sent bien que cette irrésolution va nuire à son prestige.
La grandeur d'un homme politique tient aussi à la clarté et à la
fermeté de ses choix.*

Tu me crois dans un grand désordre d'esprit ; tu n'as
pas tort : non point si grand pourtant que peut-être tu te le
figures. Car tout souci disparaît quand une fois s'est arrêtée
la décision ou que l'effort de réflexion ne trouve aucune issue.
Liberté au contraire de se lamenter, mais alors à longueur
de journée : seulement je crains que ces gémissements sans
marquer pour moi un seul progrès ne déshonorent aussi nos
études et nos écrits.

À Atticus, 8, 11, 1

Cicéron sent que l'opinion publique bascule.

Beaucoup de bourgeois des municipes, beaucoup
de gens de la campagne conversent avec moi : ils ne se
soucient absolument de rien que de leurs champs, de
leurs pauvres chères fermes, de leurs quelques sous. Et
vois quel changement ; celui en qui autrefois ils se fiaient,
ils le redoutent[22] ; ils aiment celui qu'ils craignaient[23] !
L'accumulation des fautes et des vices qui nous a conduits
là, je ne puis l'imaginer sans douleur.

À Atticus, 8, 13, 2

*Les sirènes césariennes se font entendre. Cornelius Balbus,
lieutenant de César, écrit à Cicéron.*

Je t'en conjure, Cicéron, charge-toi de la tâche la plus
digne de ton mérite, songe aux moyens de rétablir la concorde
d'autrefois entre César et Pompée, que la perfidie de certaines

22. Pompée.
23. César.

gens a éloignés l'un de l'autre[24]. César non seulement fera ce que tu voudras, mais se considérera comme grandement ton obligé, si tu te portes en ce sens. Je voudrais qu'il en fût de même de Pompée. Mais, que dans les circonstances actuelles il puisse être amené à quelque accommodement, je le souhaite plus que je ne l'espère. Quand pourtant il se sera fixé et aura cessé de trembler, alors je commencerai à ne pas désespérer que ton autorité ait grand crédit auprès de lui.

À Atticus, 8, 15a, 1

Mais « la » rencontre a lieu : le 28 mars, César rend visite à Cicéron qui donne un compte-rendu vivant à son ami Atticus.

Je m'en suis tenu à mon refus d'aller à Rome. Mais nous nous sommes trompés en le croyant accommodant ; je n'ai rencontré personne qui le fût moins. Il prétendait que je portais un jugement de condamnation contre lui, que le reste des gens tarderait davantage si je ne venais pas. Je répondais que leur cas était différent. Après de longs palabres :

— Viens donc, dit-il, et plaide pour la paix !

— À ma propre guise ? dis-je.

— Irais-je te faire la leçon ? dit-il.

— La thèse que je soutiendrai, dis-je, sera que le Sénat désapprouve une expédition en Espagne[25] et le transfert des forces armées en Grèce, et, ajoutai-je, je me répandrai en lamentations sur le compte de Pompée.

À ces mots, il s'écria :

— Je ne veux pas de tels propos !

— C'est ce que je pensais, dis-je, mais si, de mon côté, je ne veux pas être présent, c'est qu'il me faut ou m'exprimer

24. Cet apparent désir de réconciliation s'inscrit dans une stratégie d'ensemble des Césariens qui veulent faire apparaître Pompée comme le seul responsable de la guerre.

25. Que César préparait.

en ces termes, ou ne pas venir, sans compter bien d'autres réflexions qu'il me serait absolument impossible de taire si j'étais sur place.

En conclusion, comme s'il cherchait une porte de sortie, il m'invita à réfléchir. Je n'avais pas lieu de refuser. Là-dessus, nous nous séparâmes. Je crois donc que mon interlocuteur n'est pas content de moi ; mais moi, j'étais content de moi, sentiment que je n'avais pas éprouvé depuis longtemps.

À Atticus, 9, 18, 1

Sa décision de partir rejoindre Pompée semble prise, après un long débat intérieur qu'il évoque avec un certain lyrisme.

Comme dans l'amour le défaut de propreté, d'esprit, d'élégance détache d'une femme, ainsi, tout m'a détourné de [Pompée], l'indignité de cette fuite et de ce laisser-aller. Car il ne faisait rien qui pût m'engager à le suivre dans sa fuite. Maintenant ressurgit l'amitié, maintenant je ne puis supporter l'absence, maintenant ni livres ni lettres ni philosophie ne me tirent de peine. Et voici que jours et nuits je suis comme cet oiseau qui, les yeux sur la mer, désire s'envoler.

À Atticus, 9, 10, 2

Mais en avril 49, Cicéron est victime d'une trahison familiale : son neveu, Quintus, est allé dénoncer à César les projets de départ de son oncle.

Je sais seulement qu'après une rencontre avec Hirtius[26], il a été convoqué par César, qu'il a entretenu de mes dispositions tout à fait contraires à ses intérêts et de ma décision de quitter l'Italie.

À Atticus, 10, 4, 6

26. Lieutenant de César.

On retrouve le Cicéron chef de famille, qui regrette la faiblesse de son frère.

Je regrette que tu[27] n'aies pas assumé la charge de diriger ce jeune homme[28]. Car de quelque façon que je lui serre la vis, son père la desserre ensuite, par excès d'indulgence. Si je pouvais agir sans lui, je réussirais à diriger le fils.

À Atticus, 10, 6, 2

Décidé, cette fois, à partir, Cicéron veut laisser un dernier témoignage à ses amis.

Je ne cherche qu'une chose dans nos malheurs, c'est qu'un jour on se rende compte que j'ai aimé la paix plus que tout, qu'une fois perdu l'espoir de la sauver, j'ai fui la guerre civile plus que tout. Je pense n'avoir jamais à me repentir de cette constance.

Ad Familiares, 2, 16, 3

Et c'est le départ pour la Grèce, auprès de Pompée.

Cicéron s'embarqua[29] pour rejoindre le camp de Pompée. [...] Pompée ne lui confiait aucun emploi important. La faute en était à lui seul, car il ne niait pas qu'il regrettait d'être venu ; il dépréciait les préparatifs de Pompée, désapprouvait en secret ses décisions et ne pouvait se retenir de railler et de faire de l'esprit aux dépens de ses compagnons d'armes ; il se promenait sans cesse dans le camp sans rire lui-même et en gardant un air sombre, mais il faisait rire les autres, bien qu'ils n'en eussent aucune envie.

Plutarque, *Vie de Cicéron*, 38, 2

---

27. Atticus
28. Quintus ayant épousé la sœur d'Atticus, leur fils était le neveu commun de Cicéron et d'Atticus.
29. Le 7 juin 49.

Le 9 août 48 a lieu la bataille de Pharsale, qui consacre la défaite définitive de Pompée. Cicéron, malade, n'y participe pas. Mais le poète Lucain, évoquant la bataille, nous rappelle que le mythe l'emporte toujours sur le fait historique. Devant les hésitations de Pompée, c'est Cicéron qui l'aurait poussé à combattre.

Le plus grand représentant de l'éloquence romaine, Tullius[30], qui magistrat en toge, fit trembler le cruel Catilina devant ses haches pacifiques, fut le porte-parole de tous [...] : « Pour tant de services, Magnus[31], la Fortune ne te demande qu'une chose, c'est que tu veuilles user d'elle ; nous les grands, qui appartenons à ton camp, et les rois tes clients, nous nous jetons à tes genoux, avec l'univers suppliant, et nous te demandons de souffrir que ton beau-père soit vaincu. Le genre humain sera-t-il si longtemps occupé à une guerre où l'ennemi sera César ? Que Pompée soit si lent à vaincre, c'est vraiment une indignité pour des peuples qu'il a soumis en courant. Qu'est devenue ton ardeur ou ta confiance dans le destin ? [...] Pourquoi éloignes-tu du sang de César les glaives de l'univers ? [...] Hâte-toi, de peur que les trompettes ne te laissent là. Le Sénat aimerait à savoir s'il fait partie de tes soldats, Magnus, ou de ta suite. »

Lucain, La Pharsale, 7,
vers 62-64, 69-75, 81, 83-85

Après la bataille de Pharsale, et la fuite de Pompée, Caton, qui se trouve le commandant de fait des troupes pompéiennes survivantes, sauve la vie à Cicéron.

Caton voulut céder le commandement à Cicéron, comme ancien préteur à un ancien consul. Cicéron refusa et se disposa à partir pour l'Italie. Caton, voyant que le fils de

---

30. Cicéron.
31. « Le Grand » était le surnom de Pompée.

Pompée[32] voulait, avec une fierté et une arrogance hors de saison, sévir contre ceux qui faisaient mine de rembarquer et porter la main sur Cicéron tout le premier, le prit à part, lui fit des remontrances et réussit à le calmer. Ainsi, il sauva certainement de la mort Cicéron, et procura aux autres le salut.

Plutarque, *Vie de Caton le Jeune*, 55, 4

32. Le fils aîné de Pompée fera la guerre aux troupes de César en Afrique, puis en Espagne et sera vaincu à Munda. Il était connu pour être très violent.

DE PHARSALE AUX IDES DE MARS

48-44

Cicéron, amer, revient à Brindes, sur la côte sud-est de l'Italie. Sa situation est difficile ; César a interdit aux Pompéiens de rentrer, sauf à ceux à qui il accorderait lui-même une autorisation. Cicéron semble être ainsi le premier Pompéien à s'être rallié à César.

Aussi Antoine[1] m'écrivait-il pour me prier de l'excuser : il ne pouvait se dispenser d'obéir à cette lettre[2]. Je lui ai alors envoyé L. Lamia pour lui expliquer que César avait dit à Dolabella[3] de m'écrire pour me demander de revenir le plus tôt possible en Italie. Alors Antoine publia un édit m'exemptant nommément, ainsi que Lélius[4]. Je regrette d'ailleurs vivement qu'il s'y soit pris ainsi : l'exemption aurait pu être ordonnée, sans mention de nom.

À Atticus, 11, 7, 2

Les déceptions s'accumulent. Il est informé de la conduite de son frère, Quintus, qu'il chérit tant.

Quintus a envoyé son fils non seulement pour solliciter son propre pardon, mais aussi pour me mettre en accusation. Il va répétant que je l'attaque auprès de César, ce que réfutent César lui-même et tous ses amis. Et néanmoins, où qu'il se

---

1. Antoine gouvernait l'Italie, au nom de César, qui continue la guerre en Égypte.
2. La lettre interdisant le retour des Pompéiens en Italie.
3. Un des lieutenants de César, alors gendre de Cicéron.
4. Qui avait été tribun de la plèbe.

trouve, il ne cesse pas d'accumuler contre moi toutes sortes de méchancetés. Rien d'aussi incroyable ne m'est jamais arrivé, rien d'aussi amer dans mes malheurs actuels. Des témoins qui disent l'avoir entendu en personne proférer devant un auditoire nombreux des paroles abominables me les ont rapportées de bout en bout.

À Atticus, 11, 8, 2

Mais le « grand frère » n'est pas rancunier : il écrit à César pour défendre son frère et adresse à Atticus un double de cette lettre.

Je ne suis pas moins en peine pour mon frère Quintus que pour moi-même, mais au moment critique où je me trouve, je n'ose pas te le recommander. J'oserai cependant te demander une seule chose – et je t'en prie instamment – c'est de considérer que, si j'ai quelque peu négligé mes devoirs ou relâché mon affection envers toi, il n'y est pour rien, mais qu'au contraire, il s'est toujours montré partisan de notre entente et qu'il a été le compagnon, non le guide, de mon voyage. Pour ma part, ce que je te demande, avec autant de force que d'insistance, c'est que je ne lui fasse pas tort dans ton opinion.

À Atticus, 11, 12, 2

La mésentente s'installe dans le couple : à Atticus, Cicéron évoque les procédés financiers inquiétants de son épouse Terentia.

Tu écris que j'aurai à ma disposition mes biens et les tiens et ceux de Terentia : je n'ai pas de doutes sur les tiens ; mais pour ce qui est des miens, que pourra-t-il en rester ? Quant à Terentia (je laisse de côté les autres incidents, qui ne se comptent pas), que peut-on ajouter à ceci ? : Tu lui as dit de faire un virement de 12 000 sesterces. Elle m'a envoyé 10 000 sesterces, en ajoutant en note que c'était le montant du reliquat. Si elle a soustrait une si petite parcelle d'une petite somme, tu vois ce qu'elle a pu faire dans le cas de biens considérables.

À Atticus, 11, 24, 3

Ses difficultés financières sont réelles.

Les disponibilités que j'avais, je les ai transférées entre les mains de Pompée[5], en un temps où cela me semblait agir sagement.

À Atticus, 11, 13, 4

Le seul moment heureux de ce séjour à Brindes est, en décembre, la visite de sa fille, Tullia, qui est en train de divorcer de son troisième époux, Dolabella, avec lequel elle a connu une union malheureuse.

Ma chère Tullia est arrivée chez moi [...]. Cependant je n'ai pas tiré de son propre courage, de sa gentillesse, de son affection, le plaisir qu'aurait dû me procurer une fille aussi exceptionnelle, et j'ai même éprouvé une douleur incroyable en voyant une si belle nature réduite à un sort aussi pitoyable, et cela sans aucun manquement de sa part à elle, mais par ma très grande faute.

À Atticus, 11, 17

Enfin, en octobre 47, Cicéron rentre à Rome. César vient d'y faire sa rentrée. La ville est calme.

Sache qu'après mon arrivée à Rome, je me suis réconcilié avec de vieux amis, c'est-à-dire avec mes chers livres. D'ailleurs, si j'avais rompu les relations avec eux, ce n'était pas par mécontentement contre eux, mais parce qu'ils me faisaient

5. Avant Pharsale, Cicéron avait transféré 2 200 000 sesterces sur le compte de Pompée, à titre de prêt, pour soutenir son effort de guerre.

un peu honte : il me semblait qu'en me plongeant dans les plus violents orages, avec les plus déloyaux des alliés, je n'avais guère suivi leurs préceptes. Ils me pardonnent, ils me rappellent à mes habitudes de jadis, et disent que pour y être resté fidèle, tu[6] as été plus sage que moi.

Ad Familiares, 9, 1, 2

Cicéron explique pourquoi, contrairement à d'autres Pompéiens, il n'a pas continué le combat contre César après Pharsale. Dans tout combat, il faut savoir évaluer le rapport de force.

L'homme que je suis ne voulait pas que le pouvoir d'un individu prévalût sur le loisir dans l'honneur[7] ; en revanche du jour où je me suis rendu compte que la force des armes, que précisément j'avais toujours redoutée, était plus puissante que cet accord des gens de bien dont j'avais, en revanche, été l'artisan, j'ai jugé préférable d'accepter la paix, si injustes qu'en fussent les conditions, plutôt que d'engager l'épreuve de force contre un plus puissant.

Ad Familiares, 5, 21, 2

Après la douleur de la défaite, l'heure est à l'apaisement.

Voici donc actuellement ma vie : le matin, je reçois des visites : honnêtes gens nombreux, mais sombres et nos vainqueurs rayonnants, qui prodiguent à ma personne les plus grandes marques d'empressement et d'attachement. Quand le flot des visiteurs s'est retiré, je me plonge dans l'activité littéraire : j'écris ou je lis. Viennent aussi des gens qui m'écoutent comme un grand savant parce que j'en sais un

6. Le destinataire de la lettre est Varron, qui consacra sa vie à composer d'imposants ouvrages d'érudition.

7. On retrouve la fameuse formule du « loisir dans la dignité », notion qui exprime l'idéal de la République, le loisir, reflet de la tranquillité de l'État, la dignité, marque du bon ordre du régime.

peu plus qu'eux. Ensuite je consacre tout mon temps à mon corps. J'ai déjà porté le deuil de la patrie plus douloureusement et plus longuement qu'aucune mère celui d'un fils unique.

Ad Familiares, 9, 20, 3

Il se défend d'être un « collaborateur » qui serait devenu après coup l'intime des vainqueurs.

Je tiens fort à propos tous les familiers de César enserrés par des relations si étroites et si bienveillantes que, lui excepté, c'est moi qu'ils tiennent pour leur plus proche ami [...] et s'il m'avait fallu mener l'affaire à terme par moi-même, je ne me repentirais pas, compte tenu des circonstances ; des liens anciens existent entre moi et tous ces personnages.

Ad Familiares, 6, 12, 2

Il se plaît dans la compagnie de jeunes Césariens, qui l'entourent et l'admirent.

J'ai Hirtius[8] et Dolabella[9] pour élèves dans l'art de bien dire, mais pour maîtres dans l'art de bien dîner. En effet tu as appris, je pense, [...] que ces hommes sont constamment fourrés chez moi pour déclamer, moi chez eux pour dîner.

Ad Familiares, 9, 16,7

Il justifie les bons rapports qu'il a renoués avec César par les continuelles interventions qu'il fait en faveur du retour d'exil des anciens Pompéiens.

Le 26 novembre, je me suis rendu le matin auprès de César, sur la demande de tes[10] frères, non sans subir toutes

8. Qui sera consul en 43.
9. Qui était alors le gendre de Cicéron.
10. Il s'agit de Ligarius, qui avait été le légat du gouverneur d'Afrique P. Attius Varus, qui combattit activement les Césariens.

sortes d'avanies et d'ennuis pour accéder jusqu'à lui et le rencontrer [...]. J'ai parlé dans les termes qu'exigeait la cause, qu'exigeaient tes épreuves ; eh bien ! À entendre d'abord les propos de César, pleins de douceur et de générosité, à voir aussi ses regards et son expression, [...] je suis reparti avec l'idée que le rétablissement de tes droits ne faisait pas de doute.

Ad Familiares, 6, 14, 2

Mais cette retraite ne signifie pas un renoncement à la politique.

L'essentiel est de nous en tenir à notre plan : vivre ensemble adonnés à nos études, dont nous n'attendions jusqu'ici que du plaisir, mais qui deviennent aussi notre planche de salut ; ne pas refuser notre concours, si l'on veut y faire appel, à la reconstruction de la République, comme architectes, ou même comme ouvriers, mais plutôt accourir avec empressement ; si personne n'emploie nos services, ne renoncer pour autant ni à rédiger ni à lire des ouvrages politiques et, à défaut de la curie et du Forum, utiliser l'écriture et le livre, comme l'ont fait les plus grands savants du passé, pour servir la République et mener des recherches sur les mœurs et les lois.

Ad Familiares, 9, 2, 5

Toutefois, il accepte difficilement le blâme que lui décernent, pour son ralliement, les gens qui sont restés neutres pendant la bataille.

Pour ma ligne de conduite passée [...] je ne croirais pas avoir à la regretter ; car j'ai pris le parti du devoir et non celui de l'espérance, j'ai abandonné la cause du désespoir et non celui du devoir. Ainsi j'ai montré plus de sens de l'honneur que les gens qui n'ont pas bougé de chez eux, plus de bon sens que ceux qui ne sont pas rentrés chez eux après l'anéantissement de leurs forces[11]. Ce qui m'est le plus insupportable, c'est la sévérité des neutres, et j'ai plus de respect pour ceux qui sont tombés là-bas à la guerre que d'intérêt pour ces gens d'ici qui m'en veulent d'être vivant.

Ad Familiares, 9, 5, 2

Fin 47 ou début 46, Cicéron, à soixante ans, divorce. Les raisons semblent obscures. On peut conjecturer qu'elles sont d'ordre financier.

Il répudia sa femme Terentia parce qu'elle l'avait négligé pendant la guerre, à tel point qu'à son départ il manquait même du nécessaire pour le voyage, et qu'à son retour en Italie il ne trouva pas chez elle que de bons sentiments à son égard. Elle n'était pas venue à Brindes, où il faisait un long séjour, et, quand sa fille, encore toute jeune, entreprit un voyage si considérable, elle ne lui avait donné ni une escorte convenable ni suffisamment d'argent. Elle avait même dépouillé et vidé la maison de Cicéron de tout ce qu'elle contenait, et fait en outre beaucoup de dettes importantes.

Plutarque, *Vie de Cicéron*, 41, 2-3

Seulement, son remariage quelques mois plus tard fait beaucoup jaser.

[Il épousa] peu après une jeune fille, soit à cause de sa beauté dont il s'était épris aux dires de Terentia, soit à cause de sa fortune pour avoir le moyen de payer ses dettes, selon ce qu'a écrit Tiron, l'affranchi de Cicéron. Car la jeune fille était

---

11. Cicéron se démarque ainsi de deux camps : le camp de ceux qui sont restés neutres avant Pharsale et celui des républicains qui ont continué le combat après Pharsale.

fort riche[12], et Cicéron, désigné comme héritier fiduciaire, en eut la garde. Comme il devait plusieurs dizaines de milliers de drachmes, il se laissa persuader par ses amis et ses proches d'épouser cette adolescente, malgré la différence d'âge, et de se servir de ses biens pour désintéresser ses créanciers.

Plutarque, *Vie de Cicéron*, 41, 4-5

Cicéron donne de cet épisode une explication mystérieuse.

En des jours si malheureux, je n'aurais jamais eu l'idée de refaire ma vie si, à mon retour, je n'avais trouvé ma situation domestique aussi mauvaise que celle de la République. Les personnes qui, en raison de mes bienfaits impérissables, auraient dû attacher le plus de prix à ma vie et à mes biens se sont conduites de façon si criminelle qu'il n'y avait plus de sécurité pour moi à l'intérieur de mes propres murs, plus que des pièges partout; ce que voyant, j'ai cru devoir me protéger par la fidélité d'une nouvelle alliance contre la perfidie de l'ancienne.

Ad Familiares, 4, 14, 3

Il essaie de reprendre une vie sociale.

Tu t'étonnes que mon esclavage soit devenu si gai? Que devrais-je donc faire? [...] « Tu devrais consacrer ta vie », dis-tu, « à l'activité littéraire ». Crois-tu donc que je fasse autre chose, et que je pourrais vivre si je ne consacrais pas ma vie à l'activité littéraire? Mais même celle-ci comporte, je ne dis pas lassitude, mais une certaine mesure; quand je l'interromps, bien que je n'attache guère d'importance au dîner, [...] je n'imagine rien de mieux à faire avant d'aller dormir. [...] Les banquets me plaisent: j'y parle de tout

---

12. Le père de Publia était mort en laissant un gros héritage et Cicéron avait été nommé tuteur.

ce qui vient sur le tapis, et convertis mes gémissements en immenses éclats de rire.

Ad Familiares, 9, 26, 1-2

Le 6 avril 46, César écrase les troupes pompéiennes qui ont continué la lutte à Thapsus, en Afrique. Caton se suicide à Utique. Quelques semaines après, Brutus, qui est son neveu, demande à Cicéron de rédiger son éloge. Tâche difficile, Cicéron en a conscience, car César et ses amis détestent Caton qui avait été un de leurs plus vigoureux adversaires.

À propos de mon *Caton*, il se pose un problème digne d'Archimède[13]. Je n'arrive pas à écrire un texte que tes convives[14] puissent lire, je ne dis pas avec plaisir, mais seulement sans humeur ; quand bien même je me garderais d'aborder ses interventions au Sénat, tout ce qu'ont été sa volonté et ses attitudes politiques, pour me borner simplement à louer sa force morale et sa constance, même ceci écorcherait les oreilles de ces messieurs. Mais il est impossible de faire l'éloge véritable de ce grand homme sans faire valoir qu'il a prévu la situation actuelle, tenté par ses efforts de la prévenir et renoncé à la vie pour ne pas la voir réalisée.

À Atticus, 12, 4, 2

Cicéron publie néanmoins son Caton. *Entreprise courageuse. César riposte, de façon élégante puisqu'il se contente d'en rester au niveau littéraire, en publiant un anti-Caton, très polémique. Cicéron est soulagé : il n'a pas encore le texte de César, mais Hirtius, un Césarien du « premier cercle », lui a envoyé un pamphlet qu'il vient de rédiger contre Caton, et qui préfigure ce que sera l'ouvrage*

13. C'est-à-dire, d'une immense difficulté.
14. Les Césariens.

*de César. La charge est sévère, mais la vanité de Cicéron y trouve
son compte.*

Ce que sera le pamphlet rédigé par César en réplique
à mon éloge, je l'ai vu clairement par le livre que m'a
envoyé Hirtius ; il y rassemble en effet les défauts de
Caton, tout en me couvrant des plus grandes louanges.
Aussi ai-je envoyé le livre à Musca[15] pour qu'il le confie
à tes copistes ; car je veux qu'il soit largement répandu et
tu voudras bien donner des ordres à ton personnel pour
faciliter cette diffusion.

À Atticus, 12, 40, 1

*Après tout, César n'est peut-être pas tyrannique. Son pouvoir
est le produit d'une guerre civile.*

Tout est lamentable dans les guerres civiles [...] mais rien
n'est plus lamentable que la victoire elle-même ; car même
si elle échoit aux meilleurs, elle les rend plus impétueux
et plus effrénés, en sorte que, même si la nature ne les a
pas faits ainsi, ils ne peuvent manquer de le devenir par
nécessité ; souvent, en effet, le vainqueur doit, même à
son corps défendant, agir au gré de ceux auxquels il doit
la victoire.

Ad Familiares, 4, 9, 3

*Et il en vient à rêver d'un rétablissement éventuel de la
République.*

Quant à César, à supposer qu'il désire l'instauration
d'une République conforme peut-être à ses propres

---

15. Musca devait être le chef de l'atelier des copistes d'Atticus.
Atticus avait réuni chez lui un grand nombre de copistes qu'il formait
lui-même, qu'il faisait travailler pour les autres, moyennant rémunéra-
tion. Il fut un véritable éditeur pour Cicéron.

intentions et à ce que nous devons tous souhaiter, il ne
sait pas comment s'y prendre ; tant il s'est lié les mains
avec une foule de gens. [...] Nous obéissons à ses ordres
et lui aux circonstances ; ainsi, il ne peut pas plus savoir
ce que les circonstances exigeront que nous ne pouvons
savoir ce qu'il a dans la tête.

Ad Familiares, 9, 17, 2-3

Cela dit, la situation ne l'enchante guère.

Je n'entendais pas rester trop longtemps éloigné de mon
poste de gardien de la République ; c'est que j'étais installé
à la poupe et que je tenais la barre ; aujourd'hui, à peine y
a-t-il place pour moi à la sentine.

Ad Familiares, 9, 15, 3

Sa situation est même humiliante.

Si la dignité consiste à avoir des idées politiques saines
et à les faire agréer par les hommes de bien, je conserve
ma dignité ; mais si la dignité consiste à être en mesure de
réaliser ses idées ou du moins de les défendre avec pleine
liberté de parole, il ne me reste pas le moindre vestige de
ma liberté.

Ad Familiares, 4, 14, 1

Rédigé en 46, son Brutus *laisse percer l'aversion que lui inspire
le régime césarien. Ainsi, il évoque la mort récente de Hortensius,
qui fut souvent son rival, mais aussi son collègue au barreau et
aussi son ami, bien qu'il ait nourri contre lui de la rancune pour
son absence de soutien face à Clodius.*

Si Q. Hortensius vivait encore, il y a bien des choses
dont il déplorerait la perte, d'accord avec tout ce qui reste
de citoyens honnêtes et courageux. Mais il est une douleur

dont, plus que tous les autres [...] il aurait à porter le poids, ce serait de voir le Forum du peuple romain, ce Forum qui avait été comme le théâtre de son beau génie, dépouillé et déshérité des accents de cette voix savante, digne des oreilles latines et même des grecques. Pour moi, j'ai le cœur serré en pensant que ce n'est plus des armes fournies par la raison, le talent, la considération personnelle, que fait état la République, toutes armes que j'avais appris à manier, qui m'étaient familières et qui seules convenaient à un homme distingué dans l'État, comme seules elles conviennent à un État normal et bien réglé.

Brutus, 2, 6-7

D'autant plus que César et ses lieutenants ne prennent pas beaucoup de gants avec les sénateurs.

Il y a plus fort ; quand l'idée leur en passe par la tête, ils signent de mon nom, et j'apprends qu'un décret du Sénat, prétendument adopté sur ma proposition, est parvenu en Arménie et en Syrie, avant même d'avoir jamais eu vent de l'affaire.

Ad Familiares, 9, 15, 4

Et s'il ne ménage pas, dans ses discours, des paroles flatteuses pour la clémence de César, il ne renie jamais publiquement Pompée, même quand il s'adresse à César.

Si tes exploits ont rejeté dans l'ombre toutes les autres gloires, nous n'avons pas pour autant oublié Pompée. La grandeur de son nom, sa puissance, ses succès militaires de toutes sortes, les distinctions du peuple romain, du Sénat, de toi-même, qui ne les connaît ?

Pour le roi Déjotarus, 4, 12

Cela dit, Cicéron, intervenant souvent auprès de César en faveur de Pompéiens restés en exil, semble vouloir gommer toute différence idéologique entre les camps qui s'affrontèrent à Pharsale.

Diverses ont été les volontés des citoyens, divergentes leurs opinions. Nous n'étions pas seulement divisés dans nos façons de voir et de sentir : il y avait deux camps et on se battait ; la situation n'était pas claire, il y avait lutte entre deux chefs illustres ; bien des hommes hésitaient sur le meilleur parti à prendre, les uns consultaient leur intérêt, d'autres leur devoir, quelques-uns même leur droit. [...] Les uns déposèrent leurs armes, aux autres on les arracha[16]. Il faut être ingrat et injuste, quand il n'y a plus rien à craindre des armes, pour ne pas désarmer son cœur : je préfère encore celui qui tomba dans la bataille, qui sacrifia sa vie à sa cause ; car là où certains voient de l'obstination, d'autres peuvent voir de la constance.

Pour Marcellus, 10, 30, 31

On ressent un certain malaise à le voir parfois passer, à l'égard de César, de la flatterie à la dissimulation. Le Sénat avait fait ajouter la statue de César à celle des sept rois de Rome ; cette mesure avait violemment indisposé les républicains, dont Cicéron. On a du mal à excuser ces propos, même si Cicéron plaide devant César pour sauver Déjotarus, roi de Galatie, accusé de menées anti-césariennes.

Blesamius[17] [...] écrivait souvent au roi que tu étais haï et regardé comme un tyran, que l'érection de ta statue parmi celles des rois avait vivement indisposé l'opinion et qu'on ne t'applaudissait pas. Ne vois-tu pas, César, que

---

16. Les premiers sont ceux qui, tel Cicéron, abandonnèrent les combats après Pharsale ; les autres, ceux qui, tel Caton, poursuivirent la guerre en Afrique.

17. Un Galate, sujet de Déjotarus.

ces misérables ont ramassé là tous les commérages que la malveillance répand en ville ? [...] Quant à la statue, l'unique, qui songe à la critiquer, alors qu'on en voit tant d'autres ? Il y a bien lieu, en effet, de regarder d'un œil haineux les statues d'un homme dont on est trop heureux de contempler les trophées !

Pour le roi Déjotarus, 12, 33-34

En février 45, Horrible drame. Un mois après avoir mis au monde un garçon conçu de Dolabella, juste avant leur divorce, sa fille, Tullia, meurt à 33 ans dans la propriété de son père, à Tusculum. Sa douleur est immense.

Ma douleur est plus forte que toute consolation. J'ai même fait ce que personne, assurément, n'avait tenté avant moi ; j'ai entrepris de me consoler moi-même par un écrit. [...] J'écris toute la journée, non que je fasse des progrès, mais pendant ce temps-là, je suis accaparé – pas assez, il est vrai, tant la violence de la douleur me lancine, du moins son étreinte se relâche ; et je fais tous mes efforts pour restaurer, si je le puis, mon visage, à défaut de mon âme.

À Atticus, 12, 14, 3

Il s'enferme dans sa villa.

Dans ma solitude, je suis privé de toute conversation avec qui que ce soit ; du moment où je me suis caché, le matin, dans un bois épais et broussailleux, je n'en sors plus avant le soir. Après toi, je n'ai pas de meilleur ami que la solitude. Le seul entretien qu'elle me procure est avec les textes. Il est d'ailleurs interrompu par les pleurs ; je leur résiste autant que je peux, mais je ne suis pas encore de force.

À Atticus, 12, 15

Je suis anéanti, Atticus, anéanti, depuis longtemps, c'est bien certain, mais je ne l'avoue que maintenant, depuis que j'ai perdu le seul lien qui me retenait.

À Atticus, 12, 23, 1

Il conçoit le projet de construire un sanctuaire en l'honneur de Tullia, non pas un lieu de culte, mais un monument qui témoigne de la nature divine, donc éternelle de l'âme. Cette idée se situe dans le fil des conceptions de Platon ou des Pythagoriciens.

Je m'appuie sur l'autorité de plusieurs des écrivains que je ne cesse de lire ces temps-ci. [...] Je veux parler de ce sanctuaire, auquel je souhaiterais autant d'attention que tu me portes d'amitié. Personnellement, je n'ai d'hésitation ni pour le genre d'édifice [...] ni pour l'idée elle-même (ma décision est prise) mais quelquefois pour le choix du site. Je suis résolu, dans toute la mesure où le permet notre époque de culture raffinée, à consacrer ma fille par des témoignages de toute sorte empruntés à tous les grands esprits, grecs et latins.

À Atticus, 12, 18, 1

Le moins que l'on puisse dire, c'est que l'épicurien Atticus trouve l'idée parfaitement saugrenue et sera bien aise que Cicéron finisse par l'abandonner. Cicéron se consacre plus que jamais à l'activité littéraire et philosophique : pas moins de cinq ouvrages paraîtront en 45.

Alors tu t'étonnes que je me tienne à l'écart d'une ville où mon foyer n'offre aucun attrait, où les temps et les êtres, le Forum et la curie sont souverainement haïssables ? Aussi, je me consacre à l'activité littéraire, qui absorbe tout mon temps, pour y chercher non pas un remède définitif, mais un oubli éphémère de ma souffrance.

Ad Familiares, 5, 15, 4

Dans une réponse à une lettre de consolation que lui avait adressée le grand jurisconsulte Sulpicius, on relève ces accents touchants.

J'avais un refuge où trouver la paix de l'âme, un être dont la conversation et la gentillesse me permettaient d'oublier tous mes soucis et toutes mes peines. Mais aujourd'hui, sous le coup d'une aussi grande blessure, ces maux que je croyais bien guéris se remettent à saigner. Quelle différence en effet ! Avant, quand je m'éloignais des affaires publiques, dans ma tristesse, je trouvais l'accueil d'un foyer réconfortant ; à présent, quand je fuis en larmes mon foyer, je ne peux me réfugier dans les affaires publiques pour chercher un apaisement dans leur bonheur. Aussi, je me tiens à l'écart et de mon foyer et du Forum, parce que mon foyer ne peut plus soulager la peine que j'éprouve pour la République, ni les affaires publiques ma peine domestique.

Ad Familiares, 4, 6, 2

Quand, un an après, il évoque le vieux Caton parlant de la mort de son fils, comment, dans ces lignes émouvantes, imaginer que Cicéron ne pense pas à Tullia ?

J'ai mis son corps sur le bûcher, alors qu'il aurait dû y déposer le mien ; mais son âme, sans m'abandonner, me cherchant du regard, s'est rendue à coup sûr dans les lieux où elle voyait que je viendrais un jour ; si j'ai paru supporter courageusement ce malheur, ce n'est pas qu'il m'ait laissé insensible, mais je me consolais moi-même en pensant que nous ne resterions pas longtemps séparés et éloignés l'un de l'autre.

De la vieillesse, 23, 84

Son deuil entraîne un second divorce.

Les amis de Cicéron vinrent de toutes parts pour le consoler, car le malheur lui causa un chagrin si excessif qu'il renvoya sa seconde femme parce qu'elle avait paru se réjouir de la mort de Tullia.

Plutarque, *Vie de Cicéron*, 41, 8

Dans le courant de l'année 45, il recommence à suivre l'actualité politique, constate qu'à tous niveaux, on s'éloigne des conceptions politiques et religieuses de la République romaine. En décembre 45, il reçoit néanmoins César dans sa propriété de Pouzzoles.

Dire qu'un hôte si encombrant ne me laisse pas de mauvais souvenir ! De fait, ce fut très agréable. Pourtant quand il arriva chez Philippe[18] [...] sa maison fut complètement envahie par les soldats, au point qu'il restait à peine une salle à manger vacante pour y faire dîner César lui-même : deux mille hommes au bas mot ! Pour moi, le choc fut rude : qu'allait-il se passer le lendemain ? Mais Cassius Barba [19] vint à mon secours, en me fournissant des gardes. Le camp dans la nature, ma maison bien protégée [...] Il prit place au repas. Il suit un traitement émétique[20], ce qui lui permit de manger et de boire sans appréhension et avec agrément ; menu copieux et service d'apparat, bien sûr [...] Sans compter les membres de la suite traités avec surabondance dans trois salles à manger ; affranchis de second rang et esclaves ne manquèrent de rien ; les plus distingués reçurent de moi un accueil raffiné. En un mot, j'ai eu l'air d'un homme qui sait vivre. Ce n'est quand même pas le genre d'hôte à qui l'on dirait : « De grâce, descends encore chez moi, quand tu reviendras. » Une fois suffit. On n'a pas parlé de questions sérieuses, mais de beaucoup de problèmes d'érudition. Bref, il a pris du plaisir, et s'est trouvé bien. [...] Te voilà

18. L. Marcius Philippus, qui avait été Consul en 56, et à qui César avait rendu visite la veille de sa réception chez Cicéron

19. Mentionné dans la treizième Philippique parmi « les amis de César »

20. L'émétique est employé comme vomitif.

informé d'une réception, ou, si l'on veut, d'un cantonnement détestable pour moi, mais non pas désagréable.

À Atticus, 13, 52, 1-2

Cette année 45 fut pour Cicéron une grande année de souffrance. Mais c'est aussi l'année où parurent la majorité de ses ouvrages philosophiques : les Académiques, Des termes extrêmes des biens et des maux, *les* Tusculanes, Sur la nature des dieux.

LE PHILOSOPHE

L'œuvre philosophique de Cicéron est abondante. On a conservé six traités philosophiques. Un certain nombre d'autres ont été perdus. Cicéron ne manque jamais de rendre hommage à la philosophie.

Ô guide de l'existence, philosophie, qui avez la mission de découvrir la vertu et d'exterminer le vice ! Que seraient devenus sans vous, non pas seulement notre personne, mais d'une façon générale toute l'existence humaine ? C'est vous qui avez enfanté les villes, vous qui avez appelé à la vie sociale les hommes disséminés, vous qui les avez unis entre eux, d'abord par la fixité des demeures, puis par le mariage, enfin et surtout par la communauté de l'écriture et du langage ; vous avez inventé les lois, vous êtes la maîtresse de la morale et de la civilisation. C'est auprès de vous que nous cherchons un refuge, c'est à vous que nous demandons assistance, et si auparavant c'était dans une large mesure, à présent c'est tout entier et sans réserve que nous nous remettons entre vos mains.

Tusculanes, 5, 2, 5

On a souvent présenté Cicéron comme un simple traducteur des philosophes grecs, et lui-même semble nous inciter à nous en tenir à ce jugement quand il répond à son ami, surpris par l'abondance de sa production philosophique.

« Comment peux-tu en écrire tellement, et de cette nature ? » Ce sont des copies, qui ne demandent pas beaucoup de peine ; mon seul apport, ce sont les mots dont je suis riche.

À Atticus, 12, 52, 3

Mais il apporte une précision intéressante.

Je suis donc [...] de préférence les stoïciens ; non pas que je me fasse leur porte-parole, mais, comme d'habitude, je puiserai à leurs sources, à mon gré et à loisir, autant et de la manière que je jugerai bon.

Les Devoirs, 1, 2, 6

Cicéron aime rappeler que, non seulement la philosophie a joué un rôle important dans sa formation initiale, mais qu'elle l'a accompagné sur l'ensemble de sa carrière.

Ce n'est pas du jour au lendemain que je me suis mis à faire de la philosophie, et, dès ma première jeunesse, j'ai consacré à cette étude des efforts importants et soutenus ; c'est justement lorsqu'il y paraissait le moins que je m'adonnais plus que jamais à la philosophie ; mes discours, tout pénétrés des doctrines des philosophes, en témoignent ainsi que mon intimité avec les savants éminents dont s'honora toujours ma demeure, et encore ces maîtres qui m'ont formé, Diodote, Philon, Antiochus, Posidonius[1], les meilleurs représentants de leurs doctrines. Et s'il est vrai que tous les préceptes de la philosophie ont trait à la conduite de la vie, j'estime que, dans ma vie publique comme dans ma vie privée, j'ai mis en pratique les prescriptions de la raison et de l'enseignement que j'ai reçu.

La nature des dieux, 1, 3, 6

Il manifeste une sensibilité moderne, quand il évoque son émotion à se retrouver dans des lieux qu'ont hantés autrefois des philosophes

---

1. Diodote et Posidonius étaient stoïciens, Philon et Antiochus, académiciens. Dans les *Tusculanes* (5, 29, 113), Cicéron précise : « J'ai eu longtemps chez moi le stoïcien Diodote, devenu aveugle. »

ou des savants. Ainsi à Athènes, il fait une promenade à l'Académie, où enseigna Platon.

Quand nous voyons les lieux où nous savons que les hommes dignes de mémoire ont beaucoup vécu, nous sommes plus émus que quand nous entendons parler d'eux ou que nous lisons un de leurs écrits. Ainsi, moi, en ce moment, je suis ému. Platon se présente à mon esprit, Platon qui le premier, dit-on, fit de cet endroit le lieu habituel de ses entretiens ; et les petits jardins, qui sont là près de nous, non seulement me rendent présente sa mémoire, mais me remettent pour ainsi dire son image devant les yeux. [...] Les lieux ont un tel pouvoir de rappel que, non sans raison, on les a utilisés pour créer un art de la mémoire.

Des termes extrêmes des biens et des maux, 5, 1, 2

Un de ses grands titres de fierté est d'avoir découvert près de Syracuse le tombeau d'Archimède.

À l'époque où j'étais questeur[2], c'est moi qui ai découvert son tombeau, dont les Syracusains ignoraient l'existence. Un fouillis de ronces et de buissons l'entourait et le masquait de toutes parts. Il faut dire que je connaissais certains petits sénaires[3], lesquels, d'après une tradition, auraient été gravés sur le monument : il y était dit clairement que, au sommet du tombeau, on avait placé une sphère avec un cylindre. Un jour que je fouillais du regard tout le terrain situé aux abords de la porte d'Agrigente [...], voilà que mes yeux tombent sur une petite colonne qui émergeait à peine des buissons ; elle était surmontée d'une sphère et d'un cylindre. [...] Quand on eut frayé un passage, nous nous dirigeâmes vers la face antérieure du piédestal.

2. Il avait été questeur à Lilybée, en Sicile, en 75.
3. Vers latins de six pieds.

L'inscription y était reconnaissable, bien que le temps eût rongé l'extrémité des vers dont il ne subsistait guère que la moitié. Ainsi la cité de la Grèce la plus célèbre et même à un moment la plus savante aurait ignoré le monument du plus génial de ses fils, si un enfant d'Arpinum ne le lui avait fait connaître.

Tusculanes, 5, 23, 64-66

Pour la philosophie, comme dans d'autres activités culturelles, les Romains doivent dépasser le « complexe grec ».

Sous le rapport de la culture générale, il est vrai, et dans tous les genres littéraires, les Grecs l'emportaient sur nous ; mais, sur ce terrain, il leur était facile de remporter une victoire qu'on ne leur disputait pas. Ainsi tandis qu'en Grèce la poésie est le plus ancien des arts, s'il est vrai qu'Homère et Hésiode vivaient avant la fondation de Rome, Archiloque[4] sous le règne de Romulus, nous n'avons appris qu'assez tard, nous autres, la technique de la poésie.

Tusculanes, 1, 1, 3

C'est pourquoi j'engage tous ceux qui en sont capables à ravir aussi à la Grèce, dont les forces baissent maintenant, sa prééminence dans le genre d'étude qui nous occupe[5], et à la transférer dans notre capitale. Ainsi l'ont fait nos aïeux, grâce à leur application et à leur habileté, pour toutes les autres branches, du moins pour celles qui méritaient leurs efforts.

Tusculanes, 2, 1, 5

4. Poète grec du VII⁰ siècle, né à Paros.
5. La philosophie.

Il est faux de prétendre que la langue latine est moins appropriée que la langue grecque à traduire la pensée philosophique.

Bien des gens, parfaitement formés par l'enseignement des Grecs, ne pouvaient communiquer leurs connaissances à leurs concitoyens parce qu'ils désespéraient de pouvoir exprimer en latin les enseignements qu'ils avaient reçus des Grecs ; mais il me semble que dans ce domaine nous avons fait de tels progrès que les Grecs ne l'emportent plus sur nous, même pour la richesse du vocabulaire.

La nature des dieux, 1, 4, 8

Mais la difficulté pour l'orateur qu'est Cicéron, c'est une différence de nature entre l'art oratoire et la philosophie, au niveau du public visé.

[Mes discours] je tenais à ce que la foule les appréciât favorablement, car ici l'art relève du peuple et l'orateur a atteint son but quand il a conquis son auditoire [...]. [Mais] la philosophie se contente d'un petit nombre de juges ; il est dans sa nature d'éviter la foule, de propos délibéré, et il est dans la nature de la foule de la suspecter et de la haïr ; aussi celui qui voudrait vilipender la philosophie en général peut-il compter sur la sympathie du peuple.

Tusculanes, 2, 1, 3

– *Cicéron et les doctrines philosophiques :*

– *L'épicurisme :*

Bien que plusieurs de ses amis, dont Atticus, soient épicuriens, Cicéron ne peut admettre une doctrine fondée sur la recherche du plaisir.

Le principe qu'Épicure cherche à établir le plus solidement est celui dont la nature elle-même a fait comme il dit, une loi et dont elle fournit la preuve, je veux parler du plaisir et de la douleur. C'est à cela qu'il rapporte tout ce que nous devons ou rechercher ou éviter. J'estime que [ce principe] est d'une nature telle qu'on ne peut rien imaginer de moins digne de l'homme. C'est en effet pour des choses plus élevées que la nature nous a créés et formés.

Des termes extrêmes des biens et des maux, 1, 7, 23

– Le stoïcisme :

Cicéron est très proche du stoïcisme, notamment dans son affirmation de la primauté de la notion du devoir. Mais Cicéron est heurté par la trop grande intransigeance des stoïciens et leur oubli de la double nature de l'homme.

Nous sommes des hommes ; nous sommes composés d'une âme et d'un corps faits d'une certaine façon ; cette âme et ce corps, pour obéir à la première appétition de la nature, il faut que nous les aimions [...]. Telle est la fin à laquelle nos anciens philosophes se sont attachés : « Vivre selon la nature », voilà ce qui leur paraissait être le dernier terme de l'échelle des biens.

Eh bien maintenant, comment se fait-il qu'étant partis des mêmes principes que les anciens, vous en arriviez à cette conclusion, que ce soit le fait de vivre moralement [...] qui constitue le souverain bien ? Et comment, en quel endroit, il se fait que vous ayez tout à coup laissé le corps en route, ainsi que toutes les choses qui, tout en étant selon la nature, ne dépendent pas de nous, bref le convenable lui-même ?

Des termes extrêmes des biens et des maux, 4, 10, 25 ; 11, 26

Platon avait créé l'Académie. Carnéade, né vers 215, dans sa lignée mais en apportant certaines nouveautés, fonda la Nouvelle Académie, en s'inspirant du « probabilisme ». C'est à ce courant de pensée que se rattache Cicéron.

Parmi ces écoles, nous nous sommes attachés de préférence à celle dont la méthode avait été, pensions-nous, celle de Socrate : suspendre son jugement personnel en dissipant les erreurs d'autrui et rechercher dans toute discussion ce qui peut être le plus vraisemblable. Ce procédé, Carnéade l'avait pratiqué avec beaucoup de finesse et d'éloquence.

Tusculanes, 5, 4, 11

Le principal avantage du probabilisme est d'éviter le dogmatisme.

Pour moi, de même que les autres hommes disent que des choses sont certaines et d'autres incertaines, de même, différant d'eux, je dis que des choses sont probables, par opposition à d'autres. Qu'y a-t-il donc qui puisse m'empêcher de m'attacher à ce qui me paraît probable, de rejeter ce qui me paraît à l'opposé et, en évitant la présomption de l'affirmation, de fuir la témérité ? Qu'est-ce qui s'écarte le plus de la sagesse ?

Les Devoirs, 2, 2, 8

Il se distingue cependant du scepticisme.

Nous ne sommes pas de ceux qui soutiennent que rien n'est vrai, mais nous disons que toutes les vérités sont mêlées d'erreurs et que la ressemblance entre elles est si grande que nul critère ne permet de juger ni de donner son assentiment. Il en résulte aussi cette conséquence que beaucoup de choses sont possibles ; sans être perçues ou appréhendées avec certitude, elles offrent cependant une représentation qui se caractérise par sa clarté et permettent de guider la conduite du sage.

La nature des dieux, 1, 4, 12

Mais une différence essentielle entre la conception cicéronienne de la philosophie et la philosophie grecque, c'est que, pour Cicéron, la morale n'a d'intérêt que si elle est liée à l'action, au comportement de l'individu.

On louera à juste titre la peine et le soin qui seront pris pour de beaux sujets, dignes d'être étudiés[6]. [...] Or toutes ces sciences concernent la découverte du vrai, mais que cette étude détourne de la conduite des affaires va à l'encontre du devoir. Toute la qualité de la vertu réside dans l'action.

Les Devoirs, 1, 6, 19

La valeur de l'acte humain n'est pas évaluée à l'aune d'un idéal abstrait, d'une éthique transcendantale, mais elle se révèle dans les applications d'une morale pratique, dans les exigences de la vie sociale. Dans tous les cas, Cicéron refuse de distinguer le bon de l'utile. Les deux notions se confondent.

Les hommes renversent tout ce qui constitue les fondements de la nature, quand ils dissocient l'utilité de la beauté morale [...]. Quel est celui qui fuit les choses utiles ? Ou quel est plutôt celui qui ne s'y attache pas avec la plus grande application ? Mais parce que nous ne pouvons nulle part trouver les choses utiles, si ce n'est dans le domaine du mérite, de la convenance et de la beauté morale, pour cette raison, nous plaçons ce domaine au premier rang et au plus élevé, et nous considérons le titre de l'utilité, non pas tant comme brillant, que comme nécessaire.

Les Devoirs, 3, 28, 101

D'où l'importance que Cicéron attache à la notion stoïcienne du « convenable ».

Se servir de la raison et du langage avec prudence, faire ce que l'on fait avec réflexion, en toute chose voir ce qu'il y

6. Cicéron cite l'astrologie, la géométrie, la dialectique, le droit civil.

a de vrai et le défendre, c'est le convenable ; et au contraire se tromper, errer, s'abuser, être induit en erreur, c'est aussi disconvenant que d'extravaguer et de perdre la tête ; et toutes les actions justes sont convenables, mais les injustes au contraire, de même qu'elles sont honteuses, sont de même disconvenantes.

Les Devoirs, 1, 27, 94

En fait, observer la règle du convenable, c'est suivre la nature. Cicéron insiste sur le double aspect de la nature. La nature humaine, commune à tous, et la nature particulière de chaque individu. Il faut rester fidèle à l'un comme à l'autre.

Or il faut absolument que chacun garde son caractère, non pas ses défauts, mais tout de même son originalité, afin de maintenir plus aisément ce convenable que nous recherchons. Il faut agir en effet de telle sorte que nous ne prétendions rien à l'encontre de la nature commune à tous, mais que, celle-ci sauve, nous suivions cependant la nôtre, propre, et qu'ainsi, y eût-il même d'autres entreprises plus considérables et meilleures, nous mesurions cependant nos entreprises d'après la règle de notre nature. Il n'avance à rien en effet de s'opposer à la nature, ni de poursuivre quelque chose qu'on ne peut atteindre. [...] Et cette diversité des natures a une si grande importance que parfois l'on doit décider de sa propre mort, tandis qu'un autre dans le même cas ne le doit pas[7].

Les Devoirs, 1, 31, 111-112

Ce qui est primordial, dans la conception d'une morale pratique, c'est la valeur du lien social. Dans cette belle page, Cicéron pose

---

7. Cicéron prend l'exemple de Caton dont l'intransigeance rend logique, après la défaite, un suicide qu'on ne comprendrait pas chez un être plus conciliant.

des principes essentiels de l'humanisme, en rappelant les devoirs de l'homme envers l'homme.

Nous sommes tous tenus par une seule et même loi de la nature, et, assurément, la loi de la nature nous interdit de faire violence à autrui. [...] Car ceci en vérité est absurde, que disent certains, qu'à leur père ou leur frère ils n'enlèveront rien, en vue de leur propre avantage, mais qu'autre est le cas du reste des citoyens. Ces gens posent en principe qu'il n'existe pour eux, avec leurs concitoyens, aucune obligation de droit, aucun lien de société, en vue de l'intérêt général ; or cette opinion déchire tout lien social de la cité. Quant à ceux qui disent qu'il faut tenir compte des citoyens, mais non pas des étrangers, ils rompent le lien social commun du genre humain et celui-ci supprimé, la bienfaisance, la générosité, la bonté, la justice disparaissent radicalement ; or ceux qui les font disparaître, c'est aussi envers les dieux immortels qu'il faut les juger impies. Ils bouleversent en effet la société qu'ils[8] ont établie entre les hommes, société dont c'est le lien le plus étroit de penser qu'il est plus contraire à la nature que l'homme arrache quelque chose à l'homme, en vue de son propre avantage, que de supporter tous les dommages, ou du corps ou de l'âme, dommages qui seraient étrangers à la justice. Cette seule vertu en effet est la maîtresse et la reine de toutes les vertus.

Les Devoirs, 3, 6, 27-28

C'est cette conception qui conduit Cicéron à condamner toutes les dictatures, celle de César...

...Lui qui renversa tous les droits divins et humains à cause de ce principat qu'il avait imaginé pour lui-même...

Les Devoirs, 1, 8, 26

8. Les dieux.

...comme celle de Sylla, qui se donnait comme prétexte louable aux yeux de Cicéron d'en finir avec la tyrannie de Marius et des populaires.

Ainsi avec cet homme, une cause qui était belle moralement, fut suivie d'une victoire qui ne l'était point [...]. Il osa dire en effet, alors qu'il vendait sur la place publique les biens des honnêtes gens, riches et, en tout cas, de citoyens, qu'il vendait son propre butin.

Les Devoirs, 2, 8, 27

Les devoirs de l'homme doivent s'exercer vis-à-vis des concitoyens, mais aussi vis-à-vis des étrangers.

Ils font mal ceux qui interdisent aux étrangers le séjour des villes et les bannissent [...]. En réalité, il est juste de ne pas permettre que tienne une place de citoyen celui qui n'est pas citoyen [...]. Quant à interdire aux étrangers le séjour d'une ville, c'est vraiment inhumain.

Les Devoirs, 3, 11, 47

Vis-à-vis des ennemis.

En ce qui concerne l'État, il faut avant tout respecter les lois de la guerre. Il existe en effet deux manières de trancher un différend, l'une par la discussion, l'autre par la force ; la première est propre à l'homme, la seconde aux bêtes ; et il faut recourir à cette dernière s'il n'est pas possible d'employer la précédente. C'est aussi pourquoi les guerres doivent être entreprises pour ce motif : que l'on puisse vivre en paix, sans injustice ; mais après la victoire, il faut laisser vivre ceux qui, dans la guerre, n'ont été ni sauvages, ni barbares.

Les Devoirs, 1, 11, 34-35

Et vis-à-vis des esclaves, que Cicéron invite à considérer comme des salariés, conception inouïe pour l'époque.

Souvenons-nous aussi qu'il faut respecter la justice, même à l'égard des plus petits. Or, ce qu'il y a de plus bas, c'est la condition et le sort des esclaves, et ils ont raison ceux qui prescrivent d'en user comme de gens à gages ; d'exiger du travail, mais de leur fournir ce qui est juste.

Les Devoirs, 1, 13, 41

Participer à la vie politique est un devoir pour celui qui en a les aptitudes.

Pour ceux qui tiennent de la nature les moyens de conduire les affaires, sans retard ni hésitation, ils doivent obtenir des magistratures et gouverner l'État, car ce n'est pas autrement que la cité peut être conduite et la grandeur d'âme manifestée. Or ceux qui prennent en mains l'État n'ont pas moins que les philosophes [...] l'obligation de pratiquer la magnanimité et le mépris des choses humaines, dont je parle souvent, et la tranquillité et l'assurance de l'âme, puisqu'ils devront ne pas être tourmentés et vaincre avec autorité et fermeté.

Les Devoirs, 1, 21, 72

Et c'est à ce niveau que l'art oratoire retrouve toute sa place dans la pratique de la vie morale.

Il vaut mieux parler avec abondance, pourvu que ce soit avec prudence, que de penser avec la pénétration la plus fine sans éloquence, car la pensée fait réflexion sur elle-même, tandis que l'éloquence atteint ceux avec qui nous sommes unis par la communauté sociale.

Les Devoirs, 1, 44, 156

Mais aussi essentielle soit la valeur du lien social, aussi primordiale soit l'appartenance à la communauté sociale, elles ne sauraient se présenter à l'homme avec la force d'un absolu.

Il faudrait peut-être rechercher si cette communauté sociale, qui est tout à fait conforme à la nature, doit toujours être préférée même à la mesure et à la modération. Il ne semble pas. Certains actes en effet sont, les uns si vilains, les autres si infamants, que pas même pour le salut de la Patrie le sage ne les accomplira.

Les Devoirs, 1, 44, 159

Le « convenable » et la vertu garderont donc le dernier mot.

SA RELIGION

Nous en trouvons le fondement dans le Traité des Lois.

Puisqu'il n'y a rien de mieux que la raison et que celle-ci existe en l'homme et dans la divinité, il y a entre l'homme et la divinité une première association consistant en une participation à la raison. Mais pour ceux entre lesquels est commune la faculté de la raison, la droite raison aussi est commune ; et, comme c'est elle qui est la loi, nous devons croire les hommes et les dieux réunis en une association fondée sur la loi. Or, pour ceux qui ont entre eux communauté de loi, il y a communauté de droit. Mais ceux pour qui ces choses (loi et droit) sont communes doivent être considérés comme habitant la même cité. À plus forte raison, s'ils obéissent aux mêmes commandements et aux mêmes autorités, obéissent-ils au mouvement réglé de notre ciel, à la pensée des dieux et à la divinité prédominante. Si bien qu'il faut regarder tout cet ensemble du monde comme une cité unique appartenant en commun aux dieux et aux hommes

Traité des Lois, 1, 7, 23

Dans La nature des dieux, *Cicéron précisera que seuls hommes et dieux vivent « selon le droit et la loi ». On le voit, la religion de Cicéron est fondamentalement politique, en ce qu'elle s'inscrit dans la conception de la cité. Par la pratique religieuse, on s'acquiert la bienveillance des dieux, indispensable à la prospérité de la cité.*

La religion du peuple romain comporte deux aspects, les rites et les auspices, auxquels on a ajouté un troisième, les avertissements tirés des présages et des prodiges par les interprètes de la Sibylle[1] et les haruspices[2]. [...] J'ai la conviction que Romulus, en instituant les auspices et Numa[3] les rites, ont posé les fondements de notre cité. Sans aucun doute, elle n'aurait jamais pu devenir aussi grande qu'elle l'est sans s'assurer la pleine faveur des dieux immortels.

La nature des dieux, 3, 1, 5

La religion est au fondement du pacte social.

Et je ne sais si, en faisant disparaître la piété envers les dieux, on ne ferait pas également disparaître la bonne foi, le lien social du genre humain et la vertu par excellence, la justice.

La nature des dieux, 1, 2, 4

Mais elle ne saurait contrarier les conceptions rationalistes de Cicéron.

Rien ne peut se produire sans cause, et il n'arrive rien qui n'ait pu arriver. Or ce qui est arrivé est ce qui était possible, il ne faut pas le considérer comme un prodige. Par conséquent, il n'y a pas de prodige. Car s'il faut considérer comme un prodige ce qui arrive rarement, un homme sage est un prodige : j'estime d'ailleurs qu'une mule féconde est plus fréquente qu'un homme sage.

Discours contre Q. Caecilius,
dit « La divination », 2, 28, 61

1. Prêtresse qui prédisait l'avenir.
2. Prêtres qui prédiaient l'avenir par l'inspection des entrailles des victimes offertes en sacrifice.
3. Deuxième roi légendaire de Rome, qui passait pour avoir organisé la religion romaine.

Il combat même vivement les superstitions, et particulièrement la croyance dans les oracles .Cicéron évoque les fameux oracles de Delphes, rendus par la pythie, auxquels même des personnes cultivées accordaient de l'importance

Qu'y a-t-il de plus divin qu'un souffle sorti du sol qui excite à ce point l'esprit qu'il le rende capable de prévoir l'avenir, et non seulement de voir les événements très en avance, mais encore de formuler ses prédictions en vers rythmés ? Et quand cette force s'est-elle évanouie ? Serait-ce quand les hommes ont commencé à être moins crédules ? Déjà Démosthène, qui vécut il y a trois siècles, disait que la Pythie « philippisait », c'est à dire se rangeait pour ainsi dire aux côtés de Philippe[4]. Il voulait dire par là qu'elle avait été corrompue par Philippe. Il est donc permis de supposer que les autres oracles delphiens aussi n'étaient pas sincères. J'ignore pourquoi [des] philosophes superstitieux et presque fanatiques font tout pour ne pas paraître intelligents ! Vous préférez qu'un phénomène qui aurait certainement été éternel s'il avait jamais existé, se soit évanoui et éteint plutôt que de renoncer à croire ce qui est incroyable.

La divination, 2, 67, 118

*Rien d'étonnant que les auteurs de l'*Encyclopédie *aient rendu hommage aux ouvrages de Cicéron sur la religion. La conclusion du traité* La divination *a une tonalité aux résonances bien modernes.*

Il me semble que, si nous détruisons radicalement la superstition, nous aurons rendu un grand service à nous-mêmes et à nos concitoyens. Et en supprimant la superstition, on ne détruit pas la religion. [...] Car le sage

---

4. Il s'agit de Philippe de Macédoine et de sa lutte contre Athènes au IVe siècle

doit protéger les traditions des ancêtres en conservant les rites et le culte[5]. D'autre part, la beauté de l'univers et l'ordre des phénomènes célestes contraignent le genre humain à reconnaître l'existence d'une nature toute-puissante et éternelle, qui doit être regardée avec respect et admiration. C'est pourquoi il faut à la fois propager la religion, qui est combinée avec la connaissance de l'ordre naturel, et arracher toutes les racines de la superstition. Celle-ci, en effet, est obsédante et pressante, et de quelque côté que tu te tournes, elle te poursuit [...] Le style de l'Académie[6] consiste à ne pas faire intervenir son propre jugement, mais à approuver ce qui paraît le plus vraisemblable, à comparer les principes, à exposer ce qui peut être dit pour ou contre chaque affirmation et à laisser une liberté de jugement entière aux auditeurs, sans jamais faire jouer sa propre autorité.

La divination, 2, 72, 148-150

---

5. Cicéron faisait partie du Collège sacerdotal des augures, qui était une institution importante de la religion romaine.

6. On se souvient que Cicéron se réclamait de la Nouvelle Académie, fondée par Carnéade.

APRÈS L'ASSASSINAT DE CÉSAR

Mars-octobre 44

Cicéron ne fit pas partie de la conjuration qui aboutit à l'assassinat de César, à la suite d'un complot animé par Brutus et Cassius.

Il ne participa point à la conjuration qui se formait contre César, bien qu'il fût un des meilleurs amis de Brutus, et qu'il parût, plus que personne, être mécontent de la situation présente et regretter l'ancien ordre des choses ; mais les conjurés se défièrent de son caractère, qu'ils jugeaient timide, et de son âge[1], auquel les natures les mieux trempées manquent d'audace.

Plutarque, Vie de Cicéron, 42, 1-2

Mais dans la panique qui s'empare de la Ville, les conjurés ne manquent pas de le mettre en avant.

Le reste des citoyens […] se jetait dans les boutiques ou dans les maisons pour s'y cacher, bien que les meurtriers fussent accourus dans le Forum en s'efforçant de faire comprendre par leurs gestes et leurs cris qu'ils n'avaient rien à craindre. Ils le disaient en effet à haute voix et ne cessaient d'évoquer le nom de Cicéron.

Dion Cassius, Histoire romaine, 44, 20

Malgré le comportement presque amical de Cicéron envers César les derniers temps, il se réjouit de cet assassinat, et prévient

---

1. Cicéron a alors soixante-deux ans.

l'accusation d'ingratitude que certains lui lancent, en évoquant une anecdote qui lui avait été rapportée lors d'un dîner.

D'après mon hôte, un jour où j'étais allé voir César, celui-ci lui avait dit, pendant que j'attendais, assis : « Et je serais assez stupide pour croire qu'un homme aussi accommodant est pour moi un ami, alors qu'il reste assis tout ce temps à attendre ma convenance ? »

À Atticus, 14, 2, 3

Cicéron avait des rapports très amicaux avec Brutus. Il lui avait dédié plusieurs ouvrages, et dans le Brutus, *écrit deux ans plus tôt, il semblait l'appeler à l'action.*

Quand je jette les yeux sur toi, Brutus, je vois avec peine que ta jeunesse, lancée comme un char de course dans la carrière, a été prise en travers et arrêtée, en plein triomphe, par le misérable destin de la République : voilà la douleur qui me frappe, voilà le souci qui m'inquiète, comme il inquiète aussi Atticus. [...] C'est toi qui nous intéresses, c'est toi dont nous voudrions voir la vertu à la place qu'elle mérite, c'est pour toi que nous souhaitons une forme de République qui te permette de faire revivre et d'augmenter la gloire de deux très illustres maisons[2]. [...] Tu es pour nous la cause d'un double chagrin, parce que nous te voyons d'une part privé de la République, et que nous voyons d'autre part la République privée de toi.

Brutus, 96, 331

2. La maison des Junii, à laquelle Brutus appartenait par la naissance, et celle des Servilii, où son oncle maternel, Q. Servilius Caepi, l'avait fait entrer par adoption.

Ses écrits n'avaient pas manqué d'influencer Brutus et ses amis,
et le classaient sans équivoque dans le camp des tyrannicides, comme
cet extrait du traité Les Devoirs, *rédigé à l'été 44.*

Quant à ceux qui, dans une cité libre, s'arrangent de telle
sorte qu'on les craigne, dans ce cas, rien ne peut être plus
fou. Si submergées en effet que soient les lois par la puissance
d'un individu, si timorée que devienne la liberté, quelque
jour cependant elles émergent, ou bien par des silences qui
sont des jugements, ou bien à la faveur du secret des votes
pour une magistrature. Or il y a plus de mordant dans les
révoltes d'une liberté qu'on a suspendue que dans celles
d'une liberté qu'on a sauvegardée.

Les Devoirs, 2, 7, 24

Quinze mois avant les Ides de mars, il confiait à Cassius, le
futur associé de Brutus, son aversion profonde pour le pouvoir en
place.

« Où est donc la philosophie ? » me diras-tu ? La tienne,
bien sûr est à la cuisine[3] ; la mienne est tracassante : car j'ai
honte d'être en esclavage. Aussi je fais l'indifférent, pour ne
pas entendre les invectives de Platon[4].

Ad Familiares, 15, 18, 1

Chose incroyable : les conjurés et, à leur tête Brutus et Cassius,
n'ont prévu strictement aucun plan d'action. Au lendemain de
l'assassinat, le Sénat est réuni et Cicéron fait adopter un compromis :
les actes de César sont confirmés, Antoine et Dolabella, deux des
principaux lieutenants de César vont exercer le Consulat, et les

---

3. Taquinerie à l'égard de Cassius, qui se proclamait épicurien.
4. Cicéron pouvait penser à cette phrase de *La République* de
Platon : « Les enfants et les hommes doivent vivre libres et redouter
l'esclavage plus que la mort. » 3, 887 b.

tyrannicides sont amnistiés. Les arguments qu'il développe sont
conformes à sa ligne conciliante des dernières années.

Lorsque quelques citoyens ont une fois excité des séditions,
[…] lorsqu'au lieu de régler leurs vengeances sur la modération
de l'humanité, ils n'écoutent que leurs passions et la licence
des armes, il se produit nécessairement comme un cercle
perpétuel de maux et une période de calamités qui se succèdent
et s'attirent fatalement l'un l'autre. […] Pour que personne
ne me soupçonne de vouloir favoriser les meurtriers de César
parce que j'ai été autrefois du parti de Pompée, je vous dirai
une seule chose ; il faut non seulement accorder aux autres
l'impunité pour toutes les actions contraires aux lois qu'ils ont
commises sous César, mais encore leur conserver les honneurs,
les charges, les dons qu'ils ont reçus de lui, bien qu'il y ait là
des choses que je n'approuve pas.

Dion Cassius, *Histoire romaine*, 44, 32-33

Mais très vite, Cicéron va parvenir à des constats inquiétants. En
particulier, les Césariens ont gardé le pouvoir, Antoine et Dolabella
exerçant le consulat et leur méthode de gouvernement n'ayant pas
changé.

La tyrannie survit et le tyran est mort ! Nous nous
réjouissons du meurtre d'un homme dont nous validons
les actes[5] !

À Atticus, 14, 9, 2

En fait, Cicéron estime que ces compromis auraient pu être évités si
les conjurés avaient été plus énergiques. Très vite, Cicéron regrette que des
mesures plus fermes n'aient pas été prises dès l'assassinat de César.

Te souviens-tu de cette fameuse première journée au
Capitole, quand je proclamais que les préteurs devaient

5. C'est Cicéron qui venait de proposer cette validation.

convoquer le Sénat au Capitole ? Dieux immortels, comme on aurait pu faire de grandes choses alors, dans l'allégresse[6] de tous les honnêtes gens – et même des gens moyennement honnêtes – et dans la débandade des brigands ? [...] Te souviens-tu d'avoir proclamé que la cause était perdue si César recevait des honneurs funèbres ? Or, il fut incinéré en plein Forum, gratifié d'un éloge désolant[7], tandis que des esclaves et des miséreux étaient lancés à l'assaut de nos demeures avec des torches[8].

À Atticus, 14, 10, 1

La situation est paradoxale : ce sont les tyrannicides qui font figure de vaincus.

Tu vois dans le même temps les gardes du tyran à leur poste de commandement, tu vois ses armées, tu vois les vétérans sur notre flanc ; autant de poudrières ; en revanche, ceux à qui la terre entière devrait fournir des sentinelles, pour les protéger mais aussi pour les grandir, tu les vois comblés seulement d'éloges et d'affection, mais enfermés dans les murs de leur maison.

À Atticus, 14, 5, 2

Les conjurés avaient naïvement espéré que le peuple, délivré du pouvoir personnel, imposerait de lui-même le retour à l'exercice de la vie républicaine. Mais le peuple ne bougea pas. Pour l'historien Appien, Brutus et Cassius se sont trompés d'époque.

La vie publique était de longue date corrompue. Déjà, en effet, la population est mêlée d'éléments étrangers [...]. D'autre

6. Cicéron, après l'assassinat, avait proposé que Brutus et Cassius convoquent le Sénat, puisqu'ils étaient préteurs.
7. Prononcé par Antoine
8. Effectivement, Brutus et Cassius acceptèrent qu'il y eût des funérailles publiques, au cours desquelles Antoine fit un discours vibrant en l'honneur de César, qui entraîna des troubles sérieux.

part, la ration de blé distribuée aux pauvres seulement à Rome y attire les paresseux, les miséreux et les malfrats de l'Italie. En outre, la foule des démobilisés ne se dispersait plus, chacun repartant individuellement dans son pays, comme autrefois : […] comme il était possible d'occuper collectivement des colonies prises injustement sur les terres et les maisons d'autrui, ils demeuraient en masse dans les temples et leurs enceintes, sous une seule enseigne, sous le commandement d'un chef de colonie, et, après avoir vendu tout ce qui leur appartenait dans la perspective du départ, ils étaient prêts à se vendre pour toute tâche qui leur serait payée.

Appien, *Guerres civiles*, 2, 17, 120

Cicéron comprend que, même si la cause était juste, le rapport de forces est trop nettement en la défaveur de Brutus et Cassius.

Malgré l'accumulation de tous les périls, les Ides de Mars sont notre consolation. Nos héros ont réalisé le plus glorieusement et le plus magnifiquement du monde ce qu'ils pouvaient réaliser par eux-mêmes ; le reste exige de l'argent et des troupes, qui nous font totalement défaut.

À Atticus, 14, 4, 2

Mais il se rend compte que l'affaire a été très mal conduite.

De fait, cette entreprise a été menée avec un courage d'homme, une cervelle d'enfant. Comment n'avoir pas vu qu'on laissait en place un héritier du trône[9] ? « Quoi de plus absurde ? Craindre un danger, pour l'autre écarter toute crainte[10] ! »

Et même au moment où nous sommes, que d'étrangetés ! La propriété de Pontius, à Naples, occupée par la mère d'un

---

9. Antoine.
10. Sénaire iambique tiré d'une tragédie inconnue.

tyrannicide[11] ! Je devrais bien lire et relire le *Caton l'Ancien* que je t'ai envoyé, car la vieillesse me rend plus acariâtre ; tout m'échauffe la bile. Mais moi, j'ai fait mon temps ; aux jeunes d'avoir l'œil ouvert !

À Atticus, 14, 21, 3

Dès lors, une nouvelle guerre civile se profile, qui sera plus impitoyable que la précédente.

Je ne sais où sera notre devoir ; car il ne sera pas possible de rester neutre, comme cela le fut au temps de la guerre de César. Car quiconque a passé, aux yeux de ce parti de dévoyés, pour s'être réjoui de la mort de César – or nous avons tous affiché très ouvertement notre joie –, ils le mettront au nombre des ennemis publics ; cela signifie un massacre général en perspective.

À Atticus, 14, 13, 2

D'autant que les Césariens, Antoine à leur tête, ont un argument fort pour se montrer brutaux.

Les Césariens redoutent la paix. Ils se sont donné un thème, qu'ils affichent ostensiblement : l'homme le plus prestigieux a été tué, sa mort a plongé l'État tout entier dans le désordre, toute son œuvre sera anéantie dès que nous cesserons d'avoir peur ; ce qui l'a perdu c'est sa clémence, sans laquelle un tel malheur n'aurait jamais pu lui arriver.

À Atticus, 14, 22, 1

En dehors de toute préoccupation politique, on remarquera que Cicéron déteste la reine Cléopâtre, qui a quitté Rome peu après la mort de César. Il semble que Cicéron, dans cette lettre à Atticus,

---

11. Pontius était un Pompéien exproprié, dont la maison était occupée par Servilia, la mère de Brutus.

fasse allusion à un service que lui aurait demandé Cléopâtre, en arguant de leurs bonnes relations antérieures, service que lui aurait refusé catégoriquement Cicéron.

Je déteste la reine ; Ammonius[12], garant de ses promesses, sait que j'ai le droit de la détester ; ces promesses étaient d'ordre érudit et conformes à mon honneur ; aussi n'hésiterais-je pas à en parler même devant l'assemblée du peuple. [...] Quant à la superbe de la reine en personne, lorsqu'elle résidait dans ses « jardins » de la rive droite, je ne peux l'évoquer sans une vive douleur. Aussi je ne veux rien à voir avec ces gens-là ; libre à eux de penser que c'est moins le courage que la bile qui m'anime.

À Atticus, 15, 15, 2

Cicéron recherche un « homme fort », un chef militaire et politique, dont il serait le conseiller. Il croit l'avoir trouvé en Dolabella, son ancien gendre, consul avec Antoine depuis les Ides de Mars et qui, bien que Césarien lui-même, avait réprimé des troubles fomentés par des Césariens... On retrouve le vieux rêve que Cicéron avait déjà caressé au temps de Pompée ; être le mentor d'un dirigeant assez puissant pour écarter la dictature, tout en exerçant une suprématie dans l'État. Quelques mois après, Dolabella partait en guerre contre les Républicains.

Certains disent que si tu te montres un citoyen éminent et un consul hors pair, c'est parce que tu es docile à mes recommandations et à mes conseils. Sans doute pourrais-je leur répondre que tu agis à ton idée et de ta propre initiative et que tu n'as besoin des conseils de personne ; au lieu de cela, je ne donne ni assentiment pur et simple, parce que je n'entends pas diminuer ton mérite en laissant apparaître qu'il provient entièrement de mes conseils, ni démenti énergique, car je suis avide de gloire, et même à l'excès. D'ailleurs, en

12. Personnage inconnu.

quoi pourrait nuire à ta dignité ce qui a été un honneur pour Agamemnon, le Roi des rois, en personne : avoir près de soi un Nestor[13] quand il y a des décisions à prendre ? Et pour moi, quelle gloire de te voir, jeune consul, comblé d'éloges comme mon disciple[14] !

Ad Familiares, 9, 14, 2

En tout cas, dès la fin mai 44, Cicéron confie à Atticus qu'il n'est pas loin de regretter le meurtre de César.

Si la situation actuelle suit le cours qu'elle a l'air de prendre, les Ides de Mars ne m'enchantent pas. [...] J'étais si bien vu de lui[15] que, pour un homme de mon âge, puisqu'aussi bien la mort du maître ne nous a pas donné la liberté, ce maître-là n'était pas à fuir. Je rougis, tu peux me croire, mais voilà, c'est écrit : je ne veux pas effacer.

À Atticus, 15, 4, 3

En juin 44, il rencontre Brutus et Cassius. Cette rencontre renforce le projet qu'il avait commencé de concevoir : prendre du champ en partant en Grèce.

J'ai trouvé le bateau complètement disloqué ou plutôt en miettes. Ni plan, ni raison, ni méthode ; aussi, même avant je n'avais pas d'hésitation, mais à présent j'en ai encore moins à m'envoler d'ici.

À Atticus, 15, 11, 3

13. Dans l'*Iliade*, le vieux Nestor, roi de Pylos, était réputé pour sa sagesse et l'influence qu'il exerçait au Conseil des rois.
14. Dolabella, consul, avait réprimé des troubles qui avaient éclaté lors des cérémonies en l'honneur de César. Cicéron s'était mépris sur ses sentiments profonds.
15. César.

Mais le casanier Cicéron ne se hâte pas.

Les cinq heures dont tu fais état m'impressionnent; de cette côte-ci, quelle traversée!

À Atticus, 15, 21, 3

Quant au peuple, il est plus spectateur qu'acteur.

Plus tout cela me réjouit[16], plus je suis irrité et ennuyé de voir le peuple romain user ses mains à applaudir et non pas à défendre la République.

À Atticus, 16, 2, 3

Mais, comme toujours, lorsqu'il s'agit de quitter Rome, Cicéron hésite.

Mon départ me cause bien des soucis [...]. Je quitte un pays en paix, avec le dessein de revenir dans un pays en guerre; et le temps que j'aurais pu passer sur mes lopins de terre joliment construits et agréablement situés, je le passe à l'étranger. Seule consolation: ou je serai de quelque utilité à Marcus[17] ou je jugerai dans quelle mesure on peut lui être utile.

À Atticus, 16, 3, 4

Je me demande souvent: « À quoi peut te servir ce voyage là-bas? » Pourquoi n'ai-je pas sous les yeux ces joyaux de l'Italie que sont mes chères petites maisons de campagne? [...] Tu m'écris que mon départ est porté aux nues, mais à condition que je revienne avant le 1er janvier; et nul doute que je m'y efforce, car j'aime mieux vivre dans

---

16. Aux jeux Apollinaires de juillet 44, le public avait ovationné Brutus, alors préteur, qui offrait ces jeux.
17. Son fils Marcus, qui étudiait alors à Athènes.

mon pays même avec crainte que sans crainte dans ta chère Athènes[18].

À Atticus, 16, 6, 2

Il se fait donc une douce violence en renonçant à son voyage grec, cédant à la pression d'Atticus, de Brutus et Cassius, tous hostiles à ce projet. Il avait fait une tentative de départ, mais un fort vent du sud l'avait opportunément rejeté sur la côte. Il apprend cette décision à ses amis, en prouvant qu'il n'a rien perdu de son humour.

Le second reproche dont Brutus et ses compagnons se réjouissaient de me savoir quitte, me prêtait l'intention de me rendre aux jeux Olympiques ; or, rien de plus déshonorant, paraît-il, quelle que soit la situation politique, mais, dans les circonstances présentes, « un acte inexcusable ». Pour ma part, je suis prodigieusement reconnaissant au vent du sud de m'avoir détourné d'une telle ignominie.

À Atticus, 16, 7, 5

Cicéron rentre à Rome le 31 août 44.

Au début, ses espérances ne furent pas déçues : une immense foule, qui avait regretté son absence et se réjouissait de son retour, accourut à sa rencontre, et il passa presque toute la journée à recevoir saluts et félicitations à la porte de la ville et à l'entrée de sa maison. Le lendemain, Antoine réunit le Sénat et convoqua Cicéron qui ne vint pas et resta couché sous prétexte qu'il était affaibli par la fatigue du voyage ; la vérité était, paraît-il, qu'il craignait un guet-apens que lui faisait soupçonner une dénonciation reçue en cours de route. Antoine, irrité d'être calomnié, envoya des soldats avec ordre de l'amener ou de mettre le feu à sa maison ; mais

---

18. Comme l'indique son surnom, Atticus aimait passionnément Athènes.

plusieurs sénateurs s'interposèrent, et, sur leurs prières, il se contenta de prendre des gages[19].

Plutarque, *Vie de Cicéron*, 43, 5-7

Dès le lendemain, Cicéron prononçait un discours qui allait donner le coup d'envoi d'une guerre inexpiable entre Antoine et lui.

19. Antoine est consul et les consuls pouvaient exiger des gages des sénateurs absents ou leur imposer une amende pour les obliger à venir au Sénat.

LE DERNIER COMBAT

Septembre 44-décembre 43

Nous avons conservé quatorze discours, que Cicéron prononça contre Antoine, de septembre 44 à avril 43. Ces discours, d'une grande puissance oratoire, sont les plus violents que l'orateur ait jamais prononcés. Cicéron les avait appelées Les Philippiques, *titre que M. Brutus confirme, dans une lettre du 1ᵉʳ avril 43.*

Je me demande si c'est ton courage ou ton talent qui mérite les plus grands éloges dans ces opuscules ; dès maintenant je consens qu'on les appelle, si l'on veut, *Philippiques*[1], comme tu l'as écrit dans une lettre en plaisantant.

À Brutus, 2, 3

La situation politique se tend de plus en plus. Antoine, consul en 44, devait aller en 43 gouverner la province de Macédoine. Malgré l'hostilité du Sénat, il se fait attribuer à la place la Gaule cisalpine, un bon tremplin pour la prise de pouvoir à Rome. À l'automne 44, il fait revenir trois légions de Macédoine en Italie et on attend sa marche sur Rome. Mais Octave, le futur Auguste, que César a institué son héritier, s'oppose à Antoine et provoque la désertion de deux légions qui se rallient à lui. Antoine marche alors vers la Gaule cisalpine, mais Decimus Brutus, cousin de Marcus Brutus, qui faisait partie lui aussi du complot des Ides de Mars et qui était gouverneur de Gaule cisalpine en 44, décide qu'il n'accepte pas de laisser la place à son successeur. Cette fois Cicéron ne tergiverse plus : il lui

---

1. Par référence aux célèbres discours que Démosthène avait prononcés contre Philippe de Macédoine.

convient, vingt ans après, de reprendre contre Antoine le rôle qu'il avait joué face à Catilina : celui du sauveur de Rome. En même temps, Cicéron répond à une provocation : c'est Antoine qui a engagé les hostilités.

À quelle fatalité attachée à ma personne, sénateurs, attribuerai-je donc le fait que nul, durant ces vingt dernières années, n'a été l'ennemi de l'État, sans m'avoir aussi déclaré en même temps la guerre ? [...] Cela me surprenait moins chez les autres, car nul d'entre eux n'a été volontairement mon ennemi particulier : c'est moi qui, dans l'intérêt de l'État, m'en suis pris à eux tous. Mais toi, que je n'ai jamais outragé d'une seule parole qui pût t'inciter à te montrer plus impudent que L. Catilina, plus forcené que P. Clodius, tu m'as, le premier, provoqué par tes insultes et tu as cru que ta rupture avec moi te serait une recommandation auprès des mauvais citoyens.

Deuxième Philippique, 1, 1

J'ai défendu la République dans ma jeunesse, je ne l'abandonnerai pas dans ma vieillesse ; j'ai méprisé les épées de Catilina, je ne redouterai pas les tiennes. Bien plus : je ferai volontiers le sacrifice de ma vie, si, par ma mort, je puis réaliser pour les citoyens le rétablissement de la liberté, pour qu'enfin la douleur du peuple romain enfante ce dont elle est en travail depuis longtemps. Car si, il y a quelque vingt ans, j'ai déclaré que la mort ne pouvait être prématurée pour un consulaire[2], avec combien plus de vérité ne dirai-je pas aujourd'hui, qu'elle ne peut l'être pour un vieillard.

Deuxième Philippique, 46, 119

2. Un ancien consul.

Lui, dont le pacifisme fut parfois jugé excessif, ne reculera pas devant l'affrontement.

Le nom seul de la paix est plein de charme, et la chose elle-même est essentielle à la vie ; mais, entre la paix et la servitude, grande est la différence : la paix est la liberté dans la tranquillité[3], la servitude le pire de tous les maux ; il faut, pour s'en délivrer, avoir recours non seulement à la guerre, mais même à la mort.

Deuxième Philippique, 44, 113

Les rapports de Cicéron avec Antoine n'avaient pas toujours été détestables. En avril 44, Antoine avait feint de demander son avis à Cicéron sur le rappel d'exil de Cloelius, un des plus infâmes lieutenants de Clodius, l'ancien ennemi de Cicéron. Celui-ci lui répond plus qu'aimablement par cette lettre dont Antoine ne se privera pas de faire publiquement mention.

Tu aurais pu percevoir clairement par l'expression de mon visage, par mes yeux […] mon affection pour toi ; de fait, j'ai toujours éprouvé cette affection, qui répondait d'abord à ton dévouement et même ensuite à ta bienfaisance, mais ces temps-ci l'intérêt de l'État m'a recommandé ta personne au point que je n'ai pas d'être plus cher au monde.

À Atticus,[4] 14, 13b, 1

Et, fin mai 44, il affirme à son affranchi Tiron :

Je tiens absolument à garder l'amitié d'Antoine, qui a traversé les années sans aucun froissement.

Ad Familiares, 16, 23, 2

3. On retrouve cette notion du loisir dans la tranquillité, si chère à Cicéron.
4. Bien que classée dans la rubrique des lettres envoyées à Atticus, la lettre est bien adressée à Marc Antoine.

Mais en décembre 44, il explique à D. Brutus :

Si cet individu, dont je n'ai cessé d'être l'ami, c'est vrai, jusqu'au jour où je me suis rendu compte qu'il faisait la guerre à la République ouvertement et même avec plaisir[5], vient à disposer d'une province, je ne vois subsister aucun espoir de salut.

Ad Familiares, 11, 5, 2

Il est vrai qu'au-delà du combat politique, Cicéron donne l'impression d'avoir engagé contre Antoine un duel personnel, en prenant à témoin la postérité elle-même.

Il continue contre moi ses injures, comme si les premières lui avaient si bien réussi ; mais moi, je le stigmatiserai en le marquant des injures les plus véridiques et je le livrerai ainsi au souvenir éternel de l'humanité.

Treizième Philippique, 19, 40

*Le 20 décembre 44, Cicéron se vante « d'avoir jeté les bases de la République ». Par deux discours, l'un devant le Sénat, l'autre devant le peuple (*Troisième et Quatrième Philippiques*), il va proposer que D. Brutus soit officiellement félicité pour avoir de lui-même prolongé ses pouvoirs en Gaule cisalpine, au-delà de la durée légale, ainsi qu'Octave, pour avoir recruté une armée à ses frais, que ses vétérans soient récompensés et que les deux nouveaux consuls, C. Pansa et A. Hirtius, soient encouragés à prendre toutes mesures nécessaires.*

Octave va apparaître de plus en plus dans les discours de Cicéron. Encore jeune homme, il revient à Rome après l'assassinat de César, accepte son héritage, et s'oppose à Antoine. Les rapports que Cicéron va entretenir avec lui vont, eux aussi, beaucoup évoluer. Tout de

---

5. Depuis qu'Antoine s'est fait attribuer le gouvernement des deux Gaules (cisalpine et chevelue).

suite après les Ides de mars, Octave va se tourner vers Cicéron, qui constate, sans plus, cette volonté de rapprochement.

Octave est arrivé récemment et s'est même installé dans la propriété de Philippe[6], tout près de la mienne ; il me marque un entier dévouement.

À Atticus, 14, 11, 2

En juin 44, Cicéron reste circonspect. Mais on le voit dessiner une stratégie résolue : tout faire pour empêcher la réconciliation des deux grands Césariens : Antoine, le général préféré de César, et Octave, son héritier.

Chez Octave, je l'ai vu clairement, autant d'intelligence que d'énergie et il laisse prévoir, à l'égard de nos héros[7], les dispositions que nous souhaitons. Mais quel crédit faire à son âge, à son nom, à son hérédité, à son éducation ? [...] Nous devons pourtant l'aider à prendre des forces et, faute de mieux, le séparer d'Antoine.

À Atticus, 15, 12, 2

En octobre 44, ses menées contre Antoine attirent tout de même son attention. Cicéron évoque même un mystérieux attentat qu'Octave aurait fomenté contre Antoine.

À ce sujet, la foule s'imagine qu'Antoine a forgé l'accusation pour faire main basse sur l'argent du jeune homme ; en revanche, les honnêtes gens clairvoyants tiennent le fait pour vrai et l'approuvent. Bref, on place en lui beaucoup d'espoir ; on le croit capable de tout pour la considération et la gloire.

Ad Familiares, 12, 23, 2

6. Marcus Philippus, ancien consul, était le beau-père d'Octave.

7. Les tyrannicides.

En novembre, Octave est prêt à en découdre. Cicéron hésite.

Son objectif est net : la guerre contre Antoine sous son commandement. Il m'apparaît donc qu'en peu de jours nous serons en armes. Alors, qui suivre ? Vois son nom, son âge. Et voilà qu'il me demande un entretien secret à Capoue ou aux environs de Capoue ; il est puéril, en tout cas, de penser que cela puisse se faire secrètement ; je l'ai informé par lettre que c'était à la fois inutile et impossible.

À Atticus, 16, 8, 1

Fin novembre, il explique les raisons de ses hésitations.

Je l'ai dit à Oppius, alors qu'il me poussait à me joindre au jeune homme, avec tout son parti et sa bande de vétérans : je ne peux absolument pas le faire sans avoir acquis la certitude que, loin d'être un ennemi pour les tyrannicides, il sera même leur ami.

À Atticus, 16, 5, 3

Mais en fin d'année 44, Octave a empêché Antoine de s'emparer du pouvoir, en détournant deux de ses légions.

Le tout jeune César m'inspire, quant à moi, de l'espoir pour la suite ; en tout cas, sois sûr d'une chose : si ce garçon n'avait pas rapidement enrôlé des vétérans et si deux légions de l'armée d'Antoine ne s'étaient pas rangées sous son autorité, faisant peur et obstacle à Antoine, il n'est pas un seul crime, une seule cruauté qu'Antoine se serait interdite.

Ad Familiares, 10, 28, 3

Cette fois, plus d'hésitation : il faut confier au jeune homme tous les moyens d'assurer le salut de la République.

C'est à lui que nous devons conférer des pouvoirs légaux, qui lui donnent les moyens de défendre la République, non plus seulement en la prenant spontanément sous sa protection, mais en la recevant de nos mains.

Troisième Philippique, 2, 5

Il va même jusqu'à se porter garant de sa conduite ultérieure, engagement qu'il regrettera par la suite.

J'oserai même engager ma parole, sénateurs, à vous, au peuple romain, à la République, ce que, quand rien ne m'y obligerait, je n'oserais pas faire pour un autre, craignant d'encourir dans une affaire si grave le reproche d'une confiance irréfléchie. Je le promets, j'en réponds, je le garantis, sénateurs : C. César[8] sera toujours le citoyen qu'il est aujourd'hui et tel que nous devons vouloir et souhaiter qu'il soit.

Cinquième Philippique, 18, 51

Mais, les dés sont une nouvelle fois jetés : tandis qu'en Asie, M. Brutus et Cassius, refusant de gagner les médiocres provinces de Crète et de Cyrénaïque, qu'on leur a attribuées, vont s'emparer de la Macédoine et de la Syrie, en Italie, Antoine marche sur la Gaule cisalpine et assiège D. Brutus dans Modène. À Rome, Cicéron affirme sa puissance. Pour la seconde fois de sa carrière, il exerce, de fait, le pouvoir.

La puissance de Cicéron dans la ville atteignit alors son apogée : disposant du pouvoir à sa guise, il évinça Antoine, forma un parti contre lui, envoya pour le combattre les deux consuls, Hirtius et Pansa, et fit voter par le Sénat l'attribution de licteurs et des ornements de la préture à César sous prétexte qu'il combattait pour la patrie.

Plutarque, Vie de Cicéron, 45, 4

8. Octave se fait appeler C. César. C'est sous ce nom qu'il sera désigné dans la suite du texte.

Cette fois, le pacifisme de naguère s'est évanoui. Face aux tergiversations de nombreux sénateurs, qui veulent entrer en pourparlers avec Antoine, Cicéron fait la guerre, rien que la guerre, jusqu'au bout.

J'ai lu une lettre d'Antoine, adressée à un certain septemvir[9], son collègue, digne de la peine capitale : « À toi de voir ce que tu peux désirer ; mais tout ce que tu désireras, tu l'auras à coup sûr. » Et voilà l'homme à qui nous enverrions des délégués, à qui nous tarderions à faire la guerre ! Un homme qui n'a même pas réglé par le sort la destination de nos fortunes, mais nous a si bien adjugés à l'avidité de chacun qu'il n'a rien laissé d'intact, même pour lui, rien qui, dès maintenant, ne soit promis à quelqu'un. Avec cet homme, sénateurs, c'est par la guerre, oui, par la guerre, qu'il faut trancher la question, et cela sur-le-champ ; il faut écarter les lenteurs qu'entraînerait une délégation.

Cinquième Philippique, 12, 33

Il harcèle de courriers tous les gouverneurs de province, leur demandant de tenir bon. Par exemple Q. Cornificius, gouverneur de la province d'Afrique.

N'abandonne à personne aucune parcelle d'autorité dans ta province et rapporte-t'en toujours à ta dignité, sur laquelle rien ne saurait prévaloir. […] Arrange-toi pour maintenir ta province sous l'autorité de la République[10].

Ad Familiares, 12, 22a, 1

9. Membre de la commission agraire, que pendant son consulat Antoine avait mise en place pour procéder à des distributions de terres.
10. Le 20 décembre 44, Cicéron avait fait adopter par le Sénat un décret demandant aux gouverneurs des provinces de conserver leur gouvernement « jusqu'à ce qu'un sénatus-consulte donne à chacun d'eux un successeur ». Il s'agissait d'éviter que des provinces ne tombent aux mains de partisans d'Antoine, qui avaient été précédemment désignés.

Il lui faut tenir compte de l'arrivisme avoué de certains dignitaires, comme ce Munatius Plancus, gouverneur de l'importante province de la Gaule chevelue, dont la capitale était Lyon, consul désigné pour 42, et qui s'adresse ainsi à Cicéron en mars 43.

J'étais fort peiné, ma parole, en voyant d'autres accaparer la considération publique ; mais je me suis retenu, le temps d'avancer suffisamment les choses pour obtenir un résultat digne [...] de votre attente. Je te demande de faire campagne en faveur de ma dignité et d'attiser mon ardeur pour l'avenir en me procurant les avantages que tu m'as fait espérer pour m'engager sur la voie de l'honneur.

Ad Familiares, 10, 7, 2

Ce qui lui vaut, de la part de Cicéron, un appel à la dignité.

Crois-moi, Plancus, toutes les distinctions que tu as acquises jusqu'à présent – or tu en as obtenu de considérables – n'auront que la valeur de titres honorifiques et non de marques de grandeur, si tu ne fais pas cause commune avec la liberté du peuple et avec l'autorité du Sénat.

Ad Familiares, 10, 6, 2

Pourtant, Cicéron ne gagne pas sur toute la ligne. En particulier, il n'obtient pas qu'Antoine soit déclaré ennemi public. C'est qu'Antoine a des partisans, même au Sénat, qui rappellent qu'il s'est vu conférer la Gaule cisalpine par les voies légales, sans violences. C'est ce qu'exprime le sénateur Calenus dans un discours que lui prête Dion Cassius.

Vous avez par votre vote remis à Antoine la province et les soldats[11] [...]. Comme il eût été préférable pour Cicéron

---

11. C'est en mai 44 qu'Antoine s'était fait décerner par les comices tributes le gouvernement des Gaules.

de s'y opposer et de vous instruire des considérations qu'il allègue aujourd'hui plutôt que d'avoir sur le moment gardé le silence et vous avoir laissé commettre des fautes, pour venir aujourd'hui en apparence adresser des reproches à Antoine, mais en réalité, accuser le Sénat. Il n'y a en effet aucun homme de bon sens qui puisse dire qu'on vous ait contraint par la violence à rendre ce décret. Antoine n'avait pas une troupe assez forte pour vous forcer à quoi que ce soit de contraire à votre intention.

Dion Cassius, *Histoire romaine*, 46, 23-24

Il s'attire une riposte cinglante.

Concevoir ta conduite, Calenus, m'est impossible. Auparavant, nous ne pouvions te détourner d'être démagogue ; maintenant, nous ne pouvons te convaincre d'être démocrate !

Huitième Philippique, 6, 19

Mais Cicéron a la certitude que le rapport de force sera, plus que jamais, d'ordre militaire.

Voilà notre régime politique, si le pouvoir politique peut reposer sur les casernes.

Ad Familiares, 12, 23, 3

C'est pourquoi, il propose que le jeune César, qui n'a pas vingt ans, soit admis au Sénat, et puisse, contre toutes les règles, briguer directement les magistratures supérieures. Car aux âmes bien nées…

Car, à l'époque où, par les lois annales, on fixait un âge assez mûr pour le consulat[12], on appréhendait la légèreté

---

12. La loi Villia de 180 fixait quarante-trois ans.

de la jeunesse ; or, C. César, au début de sa vie, a montré que, pour un excellent, un rare mérite, on n'avait pas besoin d'attendre le progrès de l'âge.

Cinquième Philippique, 17, 47

D'autre part, Cicéron va développer une étonnante conception de la légalité, répondant ainsi aux objections de Calenus. Les votes du printemps 44 en faveur d'Antoine ne sont pas intervenus dans un climat normal. Il s'en explique à D. Brutus. Il faut tenir compte des pressions qui faussent les décisions des instances républicaines. C'est la conscience qui dicte la loi suprême.

Cependant voici l'essentiel [...] quand il s'agit de sauver la liberté et l'existence du peuple romain, tu n'as pas à attendre l'autorisation du Sénat, qui n'est pas encore libre. [...] La volonté du Sénat doit être tenue pour son autorisation, puisque l'autorisation est entravée par la peur.

Ad Familiares, 11, 7, 2

À Plancus, le gouverneur de la Gaule chevelue, il précise :

Dans une situation aussi imprévisible et aussi délicate, il n'y a pas à demander conseil au Sénat ; tu dois être ton propre Sénat. Où que te conduise la considération de l'intérêt public, suis cette voie.

Ad Familiares, 10, 16, 2

Et devant le Sénat, il justifie la conduite de M. Brutus et Cassius, qui ont pris le gouvernement d'autres provinces que celles qui leur avaient été légalement attribuées.

En vertu de quelle loi, de quel droit ? Celui que Jupiter lui-même a sanctionné, par lequel tout ce qui est utile au salut de la République passe pour légitime et juste ; car la loi n'est autre chose que la raison droite, tirée de la volonté divine, ordonnant le bien, défendant le contraire. C'est donc à cette loi qu'a obéi Cassius, quand il est parti pour la Syrie, province qui, à suivre les lois écrites était à un autre, mais qui, une fois ces lois étouffées, lui appartenait par la loi naturelle[13].

Onzième Philippique, 12, 28

Cicéron est poussé par la popularité que, par son intransigeance, il sent avoir regagnée :

Aussi de tous côtés on accourt vers moi, et me voici à présent devenu un favori du peuple dans une cause qui intéresse le salut public.

Ad Familiares, 12, 4, 1

Il goûte le plaisir d'être à nouveau l'objet de la ferveur populaire, notamment en avril 43, après la défaite d'Antoine à Modène.

Ce jour-là[14], j'ai reçu la plus belle récompense de mes efforts laborieux et de mes veilles sans nombre [...]. Toute la population que contient notre ville accourut vers moi ; elle m'escorta jusqu'au Capitole ; je fus installé aux Rostres[15] au milieu d'un concert de cris et d'applaudissements. Il n'y a aucune vanité chez moi, et il ne doit pas y en avoir ; cependant l'accord unanime des ordres, les manifestations de reconnaissance et les félicitations m'émeuvent parce qu'il est superbe de se rendre populaire en s'employant au salut du peuple.

À Brutus, 1, 3, 2

13. À l'instigation d'Antoine, Cassius avait été désigné pour une mission en Sicile. Il refusa de s'y rendre et partit pour la Syrie, qui lui offrait la possibilité de constituer, en Asie, une armée républicaine.

14. Le 20 avril.

15. La tribune aux harangues.

Dans son émotion, il en viendrait presque à trouver des accents proches de ce « populisme » qu'il a combattu toute sa carrière.

Que dire du peuple romain tout entier ? Lui qui, dans un Forum plein et bondé, m'a deux fois[16], d'un sentiment et d'une voix unanimes, appelé à l'Assemblée et qui a manifesté le plus vif désir de recouvrer la liberté. Ainsi, alors que nous souhaitions auparavant avoir le peuple romain à notre suite, nous l'avons maintenant à notre tête.

Septième Philippique, 8, 22

Il retrouve contre Antoine la verve polémique qu'il déployait contre Verrès ou Catilina, en évoquant l'époque où il était le légat de César.

Il voyageait dans un char gaulois, ce tribun de la plèbe ; des licteurs, aux faisceaux ornés de laurier, le précédaient ; au milieu d'eux, une actrice de mime était portée dans une litière découverte, et des hommes honorables, magistrats municipaux, contraints de sortir des villes pour aller à sa rencontre, le saluaient, en lui donnant, non pas son nom de théâtre, si connu[17], mais celui de Volumnia. Suivait un chariot avec des proxénètes, une escorte de vauriens. Rejetée à l'arrière, sa mère suivait la maîtresse de ce fils impudique, comme s'il s'était agi de sa bru. Ô désastreuse fécondité de cette infortunée ! Il a imprimé les traces de ces scandales dans tous les municipes, toutes les préfectures, toutes les colonies, en un mot dans l'Italie entière.

Deuxième Philippique, 24, 58

16. La première fois, en janvier 43.
17. Il s'agissait de la mime Cytheris.

Il peut même manier un humour plus féroce, quand il reproche à Cassius d'avoir épargné Antoine aux Ides de mars.

Je regrette que tu ne m'aies pas invité au dîner des Ides de mars ; il n'y aurait pas eu de restes ! Aujourd'hui, les restes que vous avez laissés me tourmentent, moi plus que les autres.

Ad Familiares, 12, 4, 1

Mais Cicéron subit deux échecs : Antoine ne sera décidément pas déclaré ennemi public, ce qui donne un aspect légalement surréaliste à cette guerre sans ennemi.

Mais quoi ? Quand Brutus, qui, par quelque prédestination de sa race et de son nom[18], est né pour délivrer la République, quand son armée, qui luttait contre Antoine pour la liberté du peuple romain, quand la province de Gaule, si fidèle et si parfaite, ont obtenu de vous les éloges les plus magnifiques, n'avez-vous pas alors déclaré Antoine ennemi public ? Et quoi ? Quand vous avez décrété que les consuls, un seul ou tous les deux devaient partir pour la guerre[19], quelle guerre y avait-il, si Antoine n'était pas ennemi public ?

Septième Philippique, 4, 11

Échec aussi quand le Sénat décide, contre l'avis de Cicéron, d'envoyer une délégation à Antoine. La victoire remportée par les consuls[20] et C. César sur Antoine à Modène en avril n'est pas décisive. Les deux consuls meurent des suites du combat, et D. Brutus laisse s'échapper Antoine. Cicéron n'a jamais perdu de vue deux dangers essentiels. D'une part, la pression de nombreux

---

18. Brutus, le meurtrier de César, passait pour descendre du Brutus qui avait assassiné le roi Tarquin et rendu la République à Rome.

19. Le 4 janvier 43, le Sénat invita les consuls à partir pour l'armée.

20. C. Vibius Pansa et A. Hirtius

vétérans, qui avaient été les soldats de Jules César, et qui sont prêts à suivre ses vengeurs.

Qu'est-ce donc que ce procédé de toujours opposer aux meilleures causes le nom des vétérans ? Tout en accueillant leur valeur, comme je le fais, je ne pourrais toutefois, s'ils se montraient arrogants, tolérer leur présomption. Est-ce que nos efforts pour rompre les liens de la servitude seront entravés, si l'on vient nous dire que les vétérans s'y opposent ? [...] La République pourrait donc se maintenir en se fiant aux vétérans, sans le soutien massif de la jeunesse ? [...] Bref (laissez-moi lâcher enfin une parole vraie et digne de moi), si le bon plaisir des vétérans règle les sentiments de notre ordre sénatorial, et si leur volonté commande toutes nos paroles et actions, il faut souhaiter la mort, que les citoyens romains ont toujours préféré à la servitude.

Dixième Philippique, 9, 17-19

L'autre péril, c'est de voir se reformer un parti des Césariens, par une alliance entre les deux héritiers spirituels de César : Antoine et C. César. Ce parti aurait été largement majoritaire. Habilement, Antoine a adressé un courrier à Hirtius et à C. César appelant à cette réconciliation. Devant le Sénat, en mars 43, Cicéron s'efforce de s'y opposer.

César, ce jeune homme d'une rare piété filiale, pourra-t-il s'empêcher de poursuivre dans le sang de D. Brutus un châtiment pour la mort de son père[21] ? [...] Le jeune César s'est montré d'autant plus grand et d'autant plus prédestiné par la faveur des dieux immortels au bien de la République, lui qui, sans se laisser jamais détourner par aucun faux attrait du nom paternel ou par sa piété filiale, a compris que la suprême piété filiale consiste à assurer la conservation de la patrie. [...] Mais aujourd'hui quels partis y a-t-il, quand les

---

21. La question est posée sur le mode ironique.

uns ont pour but l'autorité du Sénat, la liberté du peuple romain, le salut de la République, les autres le massacre des hommes de bien, le partage de Rome et de l'Italie ?

Treizième Philippique, 20, 46-47

Ce que veut à tout prix éviter Cicéron, c'est que l'on parle d'un « parti césarien » opposé à un « parti républicain ». Il souhaite revenir à la stratégie qui lui avait réussi contre Catilina, opposer, dans une sorte d'union nationale, le parti des « honnêtes gens » à celui des aventuriers.

On parle de parti, dément que tu es[22], au Forum, dans la curie ; c'est une guerre sacrilège que tu as entreprise contre la patrie, tu attaques Modène, tu assièges un consul désigné, c'est la guerre que mènent contre toi deux consuls et avec eux le propréteur César, l'Italie entière est en armes contre toi ; et ta cause, tu l'appelles un parti plutôt qu'une rébellion contre le peuple romain ?

Treizième Philippique, 18, 39

Des dissensions se font jour dans le camp républicain. M. Brutus, au cours de combats en Grèce, a fait prisonnier C. Antonius, le frère d'Antoine. Cicéron lui reproche de ne pas le mettre à mort.

Je vois bien que tu es attiré par la douceur et qu'à tes yeux c'est d'elle qu'on tire le plus grand profit ; à merveille ! Mais la clémence a d'ordinaire sa place en d'autres cas, à d'autres moments. Aujourd'hui, de quoi s'agit-il, Brutus ? Les temples des dieux immortels sont menacés par les espérances de miséreux dépravés, et ce que cette guerre est en passe de trancher n'est ni plus ni moins que l'alternative, pour nous, entre être et ne pas être. Qui allons-nous épargner et qu'allons-nous faire ? Allons-nous donc ménager ces

22. Antoine.

personnages dont la victoire ne laissera subsister aucune trace de notre existence ? [...] On n'attend de toi ni mollesse, ni cruauté ; dans le cas présent, il t'est facile d'agir avec mesure : rigueur envers les chefs, générosité envers la troupe.

À Brutus, 2, 5, 5

Ce désaccord se prolongera : au printemps 44, Lépide, gouverneur de la Narbonnaise, fait défection et se rallie à Antoine. Selon la loi, tous ses biens sont confisqués. Or Lépide a épousé la sœur de M. Brutus, et celui-ci intervient pour que ses neveux, encore très jeunes, ne soient pas eux-mêmes dépouillés. Une fois de plus, Cicéron plaide pour la rigueur.

Ainsi, quand on nous demande d'accorder à ses enfants le bénéfice de la pitié, on ne nous fournit aucun moyen d'éviter les pires supplices, au cas où leur père viendrait à l'emporter [...]. Certes, il ne m'échappe pas combien il est douloureux que les crimes des parents soient payés par la punition des enfants ; mais les lois ont admirablement voulu que l'amour accrût l'attachement des parents à la République. Aussi est-ce Lépide qui se montre cruel pour ses enfants et non pas celui qui déclare Lépide ennemi public.

À Brutus, 1, 12, 2

Comment concilier cette attitude avec ses propos, souvent répétés que « rien n'est plus digne d'un grand homme que la miséricorde et la clémence » ? *Il s'en était, par avance, expliqué dans son traité sur* Les Devoirs.

Rien n'est plus louable, rien n'est plus digne d'un homme grand et remarquable que la miséricorde et la clémence. [...] Et cependant, il ne faut approuver la douceur et la clémence qu'à cette condition que, pour le bien de l'État, on emploie la sévérité sans laquelle le gouvernement de la cité n'est pas possible. Mais toute observation et toute réprimande doivent être exemptes d'outrage et se rapporter, non pas à l'intérêt de qui corrige quelqu'un, mais à l'intérêt de l'État [...]. Il faut souhaiter que ceux qui sont à la tête de l'État soient semblables aux lois qui sont amenées à punir, non point par colère mais par équité.

Les Devoirs, 25, 88-89

Mais Brutus contre-attaque. Justifiant sa conduite clémente, il reproche à Cicéron de pousser trop en avant C. César, en réclamant pour lui le consulat.

Je juge beaucoup plus beau et plus conforme à l'intérêt de la République de ne pas s'acharner sur le sort des malheureux que d'accumuler sans fin sur les puissants des avantages susceptibles d'allumer leur convoitise et leur arrogance. Car, sur ce point, Cicéron, toi le meilleur et le plus valeureux des hommes, il me paraît que tu fais trop crédit à tes espérances et qu'à peine un individu a-t-il agi correctement dans une circonstance, tu lui attribues et lui confies tout, comme s'il n'était pas possible qu'une âme corrompue par des largesses se laissât entraîner à de mauvais desseins.

À Brutus, 1, 4,2

Et il se montre encore plus direct sur le cas de C. César.

Seule contrepartie de ton penchant à la gratitude et à la générosité : on souhaiterait plus de circonspection et de mesure dans cette générosité. En effet, le Sénat ne doit accorder aucune faveur servant de précédent ou de marchepied pour de mauvais desseins ; aussi à propos du consulat, je crains que ton cher César ne considère que tes décrets l'ont fait monter trop haut pour qu'il en redescende s'il devient consul.

À Brutus, 1, 4a, 2

Cicéron veut se justifier : face à Antoine, soutenir l'offensive de C. César était la seule solution réaliste et Brutus est mal placé pour lui reprocher d'avoir joué cette carte.

Mes intentions concernant l'intérêt suprême de l'État ont toujours été les mêmes que les tiennes, Brutus, ma tactique dans certains cas (mais non pas dans tous) peut-être un peu plus impétueuse. J'ai toujours souhaité, tu le sais, que l'État fût délivré de la royauté et non pas seulement d'un roi ; tu as montré plus de douceur, non sans t'assurer une gloire immortelle. Mais il y avait une solution meilleure[23] : nous l'avons éprouvée à force de douleur, nous l'éprouvons à force de danger. À cette époque récente, tu ramenais tout à la paix, qui ne pouvait être l'œuvre de la parole, moi je ramenais tout à la liberté, sans laquelle il n'est pas de paix. J'estimais que la paix peut précisément naître de la guerre et des combats. Il ne manquait pas de bonnes volontés réclamant des armes, mais nous avons refréné leur élan et éteint leur ardeur. Ainsi la situation en était arrivée au point que, si un dieu n'avait inspiré ce grand dessein à César Octavien, il aurait fallu tomber au pouvoir du plus dépravé et du plus vil des hommes[24].

À Brutus, 2, 5, 1-2

En mai 43, après la mort au combat des deux consuls en poste, il est logiquement question de leur donner des remplaçants pour la fin de l'année. Il semble que C. César ait alors fait une ouverture intéressante à Cicéron.

Les charges des consuls pour le reste de l'année étaient ambitionnées par les Pompéiens pour remplacer Hirtius et Pansa[25] ; mais telle était aussi l'ambition de César, qui

23. Se débarrasser d'Antoine en même temps que de Jules César.
24. Antoine.
25. Tués lors de la bataille de Modène.

ne s'adressa plus officiellement au Sénat, mais, en privé, à Cicéron qu'il exhortait même à devenir son collègue : c'est lui qui exercerait le pouvoir car il était plus âgé et plus expérimenté, lui-même se contenterait de recueillir le titre, pour avoir un prétexte honorable de déposer les armes […]. Alors Cicéron, enthousiasmé par ces propositions, dans sa passion du pouvoir […], conseillait de bien traiter un homme qui possédait encore une armée importante, et de tolérer qu'il exerçât une charge à Rome, en dépit de son âge, plutôt que d'essuyer sa colère, armé comme il l'était ; et, pour éviter qu'il n'agît contre l'intérêt du Sénat, il invitait à lui choisir pour collègue un homme d'une génération antérieure qui fût avisé, un instructeur qui tînt fermement en main sa jeunesse. Mais Cicéron fut la risée du Sénat pour sa passion du pouvoir, et l'opposition vint surtout des parents des meurtriers, qui craignaient qu'une fois consul, César ne tirât vengeance de ceux-ci.

Appien, *Guerres civiles*, 3, 11, 82

De fait, Cicéron aime rappeler qu'il pilote le jeune C. César, quand il évoque ce jeune chef agissant…

…spontanément sans doute, et sous l'impulsion d'une valeur exceptionnelle, mais fort aussi de mon approbation et de mon autorité.

Cinquième Philippique, 8, 23

Il est facile de railler, comme Appien, l'ambition de Cicéron, ou son ingénuité devant les manœuvres du jeune César. Mais, il faut aussi se demander si la passion du pouvoir était le seul mobile de Cicéron. Tenter d'opposer C. César à Antoine était certainement plus habile que de précipiter leur alliance, si l'on refusait tout pouvoir à C. César. Cicéron a parfaitement perçu le péril qui menaçait la République, alors que les seules forces républicaines sont en Orient, avec Brutus et Cassius. La solution d'un double consulat Cicéron-C. César n'était peut-être pas la plus mauvaise solution, du moins dans un premier temps. Mais, dans le refus du Sénat d'examiner lucidement cette solution, il faut tenir compte de la jalousie de beaucoup de sénateurs vis-à-vis de Cicéron... En juillet 43, dans une longue lettre à M. Brutus, il justifiera sa politique vis-à-vis de C. César.

Le jeune César n'a obtenu de moi, Brutus, que des honneurs qui lui étaient dus, des honneurs nécessaires ; car, dès que nous eûmes commencé à faire renaître la liberté [...], quand le seul moyen de défense était dans ce garçon, qui avait détourné de nos têtes la menace d'Antoine, y avait-il un honneur qu'on dût lui refuser ? Pourtant je ne lui accordai alors qu'une louange verbale, et encore modeste ; je lui fis décerner aussi le pouvoir de commander en chef ; ceci paraissait, il est vrai, un grand honneur pour son âge ; mais c'était une nécessité pour qui avait une armée sous ses ordres ; qu'est-ce, en effet, qu'une armée sans commandant en chef ?

À Brutus, 1, 15, 7

Fin mai, une première ombre se glisse dans les relations entre Cicéron et C. César : l'incorrigible Cicéron n'a pu s'empêcher de faire un bon mot, sur le jeune homme, mot qui lui a été immédiatement rapporté, comme le précise cette lettre envoyée à Cicéron par D. Brutus.

Tout récemment, Segulius Labeo[26] [...] me raconte qu'il a été chez César et qu'on a beaucoup parlé de toi. César lui-même ne te reprochait absolument rien, paraît-il, sauf un mot : d'après lui, tu aurais dit que le jeune homme devait

---

26. Inconnu par ailleurs.

être complimenté, honoré… poussé[27] ; lui ne s'exposerait pas à ce qu'on puisse le « pousser ».

Ad Familiares, 11, 20, 1

Durant l'été 43, la défection de Lépide[28] est un rude coup pour le camp républicain. Antoine s'est renforcé et des négociations multiples s'engagent. La situation se détériore. Dans cette lettre datée du 7 juin, Cicéron fait preuve de lucidité.

Crois-moi, Brutus[29], car je ne suis pas homme à me vanter[30], je n'ai plus la faveur ; en effet, le Sénat était mon bras droit : ce bras est maintenant inerte. Ta brillante sortie de Modène, la fuite d'Antoine après le massacre de son armée avaient suscité un tel espoir de victoire assurée que toutes les énergies se sont détendues et mes belles harangues enflammées ont l'air de combattre contre des ombres.

Ad Familiares, 11, 14, 1

Le vieux lutteur est las.

Je soutiendrai donc [la République] à mon habitude, si la possibilité m'en est donnée, bien que je me sente à présent très fatigué. Cependant aucune lassitude ne doit faire obstacle au devoir et à la loyauté.

Ad Familiares, 12, 25a, 1

27. En latin, le verbe *tollere* a deux sens : « élever » ou « enlever ». Cicéron joue sur le double sens et on ne s'étonnera guère que le jeune César ait moyennement apprécié l'ambiguïté du terme.

28. Lépide, gouverneur de la Narbonnaise, passe en effet du côté d'Antoine, à l'été 43.

29. Il s'agit de D. Brutus, le gouverneur de la Gaule cisalpine, cousin de M. Brutus.

30. Affirmation qui peut prêter à sourire.

Il sent que la parole est de plus en plus aux seules armes. En juin 43, commençant à éprouver des doutes sur les intentions de César, il lance à Brutus[31] ce dernier et pathétique cri d'alarme :

Nous sommes les jouets, Brutus, des caprices des soldats et surtout de l'arrogance des généraux ; chacun revendique autant de pouvoir dans l'État qu'il a de forces à sa disposition ; la raison, la mesure, la loi, la coutume, le devoir n'ont pas de valeur, ni le jugement et l'estime des citoyens, ni la crainte de la postérité.

[...]Si [César] reste fidèle à son engagement et m'écoute, nous aurons apparemment des moyens de défense suffisants ; si, au contraire, les conseils impies ont plus de poids que les miens ou si la faiblesse de l'âge ne peut résister à la pression des circonstances, il n'y a plus d'espoir qu'en toi.

Aussi accours, je t'en supplie ; la République que tu as libérée par ta vaillance et ta force d'âme plus que par les résultats, libère-la par l'issue finale ; tu verras affluer tous les concours de tout le monde. Exhorte aussi Cassius par lettre ; il n'y a d'espoir de liberté que sous les tentes de vos camps. [...] Je souhaite que les choses s'améliorent bientôt ; mais, s'il en va autrement – puisse le ciel écarter ce présage ! – je serai affligé pour la République, qui devrait être immortelle ; à moi, en tout cas, combien peu de temps il me reste !

À Brutus, 1, 10, 3, 4-5

Même les Romains aisés se dérobent à l'effort qui permettrait de poursuivre le combat.

Le problème politique majeur est la pénurie financière ; en effet, les hommes de bien deviennent chaque jour plus sourds à la voix de l'impôt sur la fortune ; le produit du

---

31. Qui est toujours en Grèce.

1 %[32], récolté à la suite des déclarations effrontées des riches, est entièrement englouti dans les gratifications de deux légions. Or des dépenses sans fin nous guettent pour les armées de nos régions, qui nous défendent aujourd'hui, mais aussi pour la tienne[33].

À Brutus, 1, 18, 5

Le 27 juillet, Cicéron reconnaît qu'il a sans doute échoué. Cette lettre à Brutus est la dernière lettre que nous possédons de Cicéron.

À l'heure où j'écris ces lignes, je suis extrêmement tourmenté. Alors que la République a reçu ma garantie pour ce tout jeune homme, presque un enfant, je ne parais guère en mesure de tenir mon engagement. Or, il est plus grave et plus difficile de répondre des sentiments et de la pensée d'autrui, surtout pour des questions très importantes, que de son argent ; car on peut s'acquitter d'une garantie financière et une perte affectant le patrimoine est supportable ; mais comment s'acquitter envers la République d'une garantie qu'on a souscrite, si la personne pour laquelle on s'est porté garant est fort aise que le répondant paie ? Cependant je réussirai, je l'espère, à retenir ce jeune homme, en dépit de nombreuses oppositions ; car il a l'air doué ; mais il est d'un âge malléable et il y a beaucoup de gens prêts à le corrompre, qui espèrent fermement pouvoir aveugler son intelligence saine en faisant miroiter à ses yeux l'éclat d'un titre usurpé. Ainsi à toutes mes tâches s'en est encore ajoutée une autre : dresser toutes les batteries possibles pour retenir le jeune homme et échapper à la réputation d'irréflexion. Où est d'ailleurs l'irréflexion ? En fait, j'ai engagé celui

32. Cet impôt exceptionnel sur la fortune avait été décidé pour faire face aux dépenses militaires.
33. Il s'agit de M. Brutus, qui se bat en Grèce.

pour lequel j'ai donné ma garantie plus que moi-même ; et la République ne peut pas regretter que je me sois porté garant pour un homme qui, dans son action publique, s'est montré particulièrement solide du fait, à la fois, de sa nature et de mes promesses.

À Brutus, 1, 18, 3-4

Quelques jours après la rédaction de cette lettre, devant le refus du Sénat de lui voter une dispense d'âge pour se présenter au consulat, C. César, suivant l'exemple de son père adoptif, franchissait le Rubicon à la tête de ses huit légions. C'était sa deuxième marche sur Rome, la première étant en novembre 44, au service de la République, contre Antoine. La seconde allait marquer la fin de la République.

LA FIN

Marchant sur Rome à la mi-août, C. César reçoit un accueil chaleureux.

Il y eut un retournement étonnamment soudain : les nobles coururent à sa rencontre et se mirent à le saluer ; puis le petit peuple accourut aussi, et l'on commença à voir dans la discipline de ses soldats le signe de dispositions pacifiques. [...] Et les trois légions[1], négligeant leurs chefs, lui envoyèrent des émissaires et se rallièrent à lui [...]. Cicéron, quand il apprit ces accords, intervint auprès des amis de César pour le rencontrer, et, lors de la rencontre, il tenta de se justifier et fit valoir la proposition de le nommer consul qu'il avait lui-même soumise récemment au Sénat. César se contenta de répondre malicieusement que, de ses amis, il était le dernier à venir le rencontrer.

Appien, *Guerres civiles*, 3, 92

Ce que voulait à tout prix empêcher Cicéron se réalise : fin octobre 43, les Césariens, Antoine, C. César et Lépide se rencontrent à Bologne, constituent à leur tour un triumvirat, se partagent le pouvoir et dressent une liste de proscrits, c'est-à-dire des gens que l'on peut tuer sans jugement. L'acte de proscription se termine ainsi :

... Que donc, avec l'aide de la Fortune, personne ne laisse entrer chez soi aucun des individus dont le nom est inscrit sur ce panneau, que personne ne les cache, ne les

---

1. Les légions que le Sénat avait fait venir d'Afrique pour protéger Rome.

fasse partir ailleurs ou ne se laisse corrompre par eux. Tout homme que l'on verra sauver un proscrit, lui apporter son aide ou sa complicité, n'aura ni excuse à faire valoir ni pardon à attendre : nous le mettrons au nombre des proscrits. Que les meurtriers nous rapportent les têtes et ils recevront si ce sont des hommes libres, 25 000 drachmes attiques pour chacune, et, si ce sont des esclaves, la liberté, 10 000 drachmes attiques et le statut civique de leur maître[2]. Les délateurs auront les mêmes récompenses, et aucun auteur des captures ne sera inscrit dans nos archives, afin qu'il reste anonyme.

Appien, *Guerres civiles*, 4, 2, 11

Cicéron fait partie de la liste des proscrits.

Pendant trois jours, [les triumvirs] restèrent réunis secrètement entre eux seuls près de la ville de Bononia[3]. [...] On dit que César, après avoir bataillé en faveur de Cicéron les deux premiers jours, céda le troisième jour et l'abandonna. Ils se firent mutuellement les concessions suivantes ; César devait livrer Cicéron ; Lépide, son frère Paulus ; et Antoine, Lucius César, qui était son oncle maternel[4], tant la colère et la rage leur avaient fait oublier la raison et les sentiments humains, ou plutôt tant ils firent voir qu'il n'y a pas de bête plus sauvage que l'homme quand il joint le pouvoir à la passion.

Plutarque, *Vie de Cicéron*, 46, 4

2. L'esclave dénonciateur, devenant citoyen, sera inscrit dans la même tribu que son ancien maître.

3. Bologne.

4. L. Aemilius Lepidus Paulus avait été consul en 50. Lucius Junius Caesar l'avait été en 64. Tous les deux, à la différence de Cicéron, échappèrent à la mort par la fuite.

Plutarque a laissé un récit pathétique de la mort de Cicéron, le 7 décembre 43. Il avait soixante-quatre ans.

Pendant que ces décisions étaient prises, Cicéron se trouvait dans son domaine campagnard de Tusculum, et il avait son frère avec lui. Informés des proscriptions, ils projetèrent de se rendre à Astura[5], où Cicéron avait une propriété au bord de la mer, et de passer de là en Macédoine, auprès de Brutus... Ils se firent porter dans des litières, accablés de chagrin. Ils s'arrêtaient en chemin, et, rapprochant leurs litières, ils mêlaient leurs gémissements. Quintus était le plus abattu : il était tracassé par l'idée de son dénuement, car il n'avait pas eu le temps de rien emporter de chez lui, et Cicéron lui-même n'avait que de maigres provisions pour le voyage. Il valait donc mieux, pensèrent-ils, que Cicéron prît les devants dans leur fuite, et que Quintus courût après lui, quand il se serait pourvu du nécessaire dans sa maison. Ils en décidèrent ainsi, puis ils s'embrassèrent en pleurant et se séparèrent. Quelques jours après, Quintus, livré par ses serviteurs aux hommes qui le recherchaient, fut tué avec son fils. Cicéron, arrivé à Astura, y trouva un navire, s'embarqua aussitôt, et, favorisé par le vent, il longea le rivage jusqu'à Circaeum[6]. Les pilotes voulaient en repartir immédiatement, mais Cicéron, soit qu'il craignît la mer[7], soit qu'il n'eût pas encore perdu toute confiance en César, débarqua et longea la côte par terre sur un espace de cent stades[8], en direction de Rome. Cependant l'inquiétude le reprit, et, changeant d'intention, il descendit vers la mer à Astura. [...] Il se remit entre les mains de ses serviteurs pour

---

5. Petite ville du Latium.

6. Sur la côte tyrrhénienne.

7. Appien écrit que Cicéron n'avait pu supporter d'avoir le mal de mer. L'infortuné Cicéron aura été victime de sa phobie des traversées maritimes.

8. Près de deux kilomètres.

le conduire par mer à Caïète, où il avait une propriété et un refuge agréable pendant l'été. [...] Cicéron débarqua et, une fois entré dans sa villa, il se coucha pour prendre du repos. [...] Les serviteurs se reprochèrent d'attendre tranquillement d'être les témoins du meurtre de leur maître et de ne pas le protéger [...]. Usant à la fois de persuasion et de violence, ils l'emportèrent en litière vers la mer.

À ce moment survinrent les meurtriers. C'étaient le centurion Herennius et le tribun militaire Popillius, que Cicéron avait autrefois défendu dans une accusation de parricide, et avec eux une troupe de satellites. Voyant les portes fermées, ils les enfoncèrent, mais ils ne trouvèrent pas Cicéron, et les gens de la maison affirmaient ne pas savoir où il était. Alors, dit-on, un adolescent instruit par Cicéron dans les belles lettres et dans les sciences, nommé Philologus, affranchi de Quintus, son frère, dit au tribun qu'on portait sa litière par les allées boisées et ombragées vers la mer. Le tribun, prenant quelques hommes avec lui, se précipita en faisant un détour pour gagner l'issue des allées, tandis qu'Herennius parcourait celles-ci au pas de course. Cicéron l'entendit arriver et ordonna à ses serviteurs de déposer sa litière. Lui-même, portant, d'un geste qui lui était familier, la main gauche à son menton, regarda fixement les meurtriers. Il était couvert de poussière, avait les cheveux en désordre et le visage contracté par l'angoisse, en sorte que la plupart des soldats se voilèrent les yeux tandis qu'Herennius l'égorgeait. Il tendit le cou à l'assassin hors de la litière. Il était âgé de soixante-quatre ans. Suivant l'ordre d'Antoine, on lui coupa la tête et les mains, ces mains avec lesquelles il avait écrit les *Philippiques*, car c'est ainsi que Cicéron avait intitulé ses discours contre Antoine, qui ont gardé jusqu'à ce jour le même titre.

Plutarque, *Vie de Cicéron*, 47-48

Et Appien précise :

La tête de Cicéron et sa main restèrent longtemps sur le Forum, suspendues à la tribune depuis laquelle, dans le passé, Cicéron avait prononcé ses harangues. Et on fut plus nombreux à courir pour voir cela qu'on ne l'avait été pour l'écouter. On dit même qu'Antoine plaça au moment du repas la tête de Cicéron devant sa table jusqu'à ce qu'il fût rassasié par la vue de son malheur.

Appien, *Guerres civiles*, 4, 20, 80-81

Une soixantaine d'années après, Velleius Paterculus se départit du ton de l'historien, pour laisser jaillir son indignation.

C'est en vain cependant, Marc Antoine (car l'indignation qui jaillit de mon cœur et de mon esprit me force à sortir du ton ordinaire de mon ouvrage), c'est en vain, dis-je, que tu as compté une somme d'argent à celui qui avait fait taire cette voix divine et coupé cette tête si illustre et que, par une prime macabre, tu as provoqué la mort d'un si grand consul, de celui qui jadis avait sauvé l'État. Car tu as ravi à Cicéron des jours inquiets, des années de vieillesse, une vie qui eût été plus malheureuse sous ta domination que ne fut la mort sous ton triumvirat ; mais la renommée, la gloire de ses actions et de ses discours, bien loin de la lui enlever, tu l'as accrue. Il vit, il vivra dans les mémoires de tous les siècles. Tant que ce corps qui forme l'univers et que créa le hasard, la providence ou quelque autre cause, tant que ce monde, que presque seul de tous les Romains il a pu contempler de son intelligence, embrasser de son génie, éclairer de son éloquence, subsistera, il emportera avec lui dans son éternité la gloire de Cicéron. La postérité la plus lointaine admirera ce qu'il a écrit contre toi, détestera ce que tu as fait contre lui, et la race des hommes disparaîtra du monde avec son souvenir.

Velleius Paterculus, *Histoire romaine*, 2, 66

CHRONOLOGIE

106   3 janvier : Naissance de Cicéron.
      2 septembre : Naissance de Pompée.
103   Naissance de Quintus, son frère.
90   Cicéron prend la toge virile.
89   Cicéron sert dans l'armée du père de Pompée.
86   Cicéron traduit *L'Économique* de Xénophon et écrit *De l'invention.*
82   Sylla dictateur. Les proscriptions.
81   *Pour Quinctius.*
80   *Pour Roscius Amerinus.*
79   Abdication de Sylla.
      Départ de Cicéron pour la Grèce.
77   Retour de Cicéron à Rome.
      Mariage avec Terentia.
76   Questure de Cicéron : il entre en charge à Lilybée, en Sicile.
75   Verrès préteur urbain.
74   Retour de Cicéron à Rome.
73   Verrès gouverneur de Sicile.
70   Cicéron élu édile.
      Première action contre Verrès.
69   *Pour Fonteius.*
68   Première lettre conservée de sa *Correspondance.*
67   Cicéron élu préteur.
      Fiançailles de sa fille Tullia avec Calpurnius Pison.
66   *Pour Cluentius.*
      Sur Faustus Sulla.
      Sur le commandement de Pompée.

65   Naissance de Marcus, son fils.
      Mort du père de Cicéron.
64   Juillet : élection de Cicéron au consulat.
      Mariage de Tullia.
63   Cicéron consul.
      Janvier : contre la loi agraire de Rullus.
      Pour Rabirius.
      8 novembre : *Première catilinaire.*
      9 novembre : *Deuxième catilinaire.*
      Fin novembre : *Pour Murena.*
      3 décembre : *Troisième catilinaire.*
      5 décembre : *Quatrième catilinaire.*
      Exécution des conjurés.
62   Fin janvier : mort de Catilina à Pistoia.
      Pour Archias.
      Cicéron achète la maison de Crassus sur le Palatin.
      Pour Sylla.
60   Formation du premier triumvirat.
59   *Pour Flaccus.*
58   Départ de César pour la Gaule.
      Départ de Cicéron en exil et pillage de sa maison.
      Cicéron à Brindes, puis à Dyrrachium, et à Thessalo-
      nique.
      29 octobre : pétition des tribuns pour le retour de
      Cicéron.
57   Mai : sénatus– consulte en faveur de Cicéron.
      4 août : vote de la loi rappelant Cicéron, qui s'embarque
      à Dyrrachium.
      5 septembre : discours de remerciement au Sénat.
      7 septembre : discours de remerciement au peuple.
      29 septembre : *Sur sa maison.*
56   *Pour Sestius.*
      Contre Vatinius.
      Pour Caelius.
      15 avril : entrevue de Lucques entre les triumvirs.

Sur la réponse des haruspices.
Sur les provinces consulaires.
Pour Balbus.

55   *Contre Pison.*
Sur l'Orateur.

54   *Sur la République.*
Pour Plancius.
Pour Vatinius.
Pour Rabirius Postumus.
Pour Scaurus.

53   Mort de Crassus.
Cicéron est coopté dans le collège des augures.

52   *Pour Milon.*
Sur les lois.

51   Cicéron gouverneur de Cilicie.

50   Mariage de Tullia avec Dolabella.
Cicéron quitte la Cilicie et séjourne en Grèce.

49   4 janvier : retour de Cicéron à Rome.
12 janvier : César franchit le Rubicon.
17 janvier : Pompée quitte Rome.
18 janvier : Cicéron quitte Rome pour Formies.
31 mars : son fils Marcus prend la toge virile.
7 juin : Cicéron rejoint Pompée en Grèce

48   9 août : bataille de Pharsale.

47   Divorce de Cicéron.

46   *Brutus.*
Paradoxes des stoïciens.
Éloge de Caton.
L'Orateur.
Pour Marcellus.
Octobre : divorce de Tullia.
Pour Ligarius.

45   Janvier : *Hortensius.*
Février : mort de Tullia.
Académiques

Des termes extrêmes des maux et des biens.
Tusculanes.
Sur la nature des dieux.
Traduction du *Timée* de Platon.
44   *Caton l'Ancien.*
Sur la divination.
Sur le destin.
15 mars : assassinat de César.
Laelius.
21 juillet : Cicéron s'embarque pour la Grèce, puis
s'arrête à Reggio de Calabre.
Les Topiques.
2 septembre : *Première Philippique.*
9 octobre : *Deuxième Philippique.*
Les Devoirs.
20 décembre : *Troisième Philippique*, au Sénat.
Quatrième Philippique, au peuple.
43   De janvier à mars : de la *Cinquième* à la *Treizième*
Philippique.
14 avril : bataille de Modène.
21 avril : *Quatorzième Philippique.*
Fin juillet, Octave réclame le consulat et l'obtient le
19 août.
Octobre : second triumvirat entre Antoine, Octave et
Lépide.
7 décembre : mort de Cicéron.

L'EXERCICE DU POUVOIR DANS LA RÉPUBLIQUE ROMAINE

Le pouvoir est partagé entre les magistrats, le Sénat et les assemblées populaires (les comices)

1. Les magistrats

Les magistratures sont annuelles, électives et hiérarchisées. Elles sont gratuites.

Chaque année, les élections ont lieu au sein des comices. Il faut attendre plusieurs années avant de se présenter à l'échelon supérieur. Car le candidat doit suivre « une carrière des honneurs » *(cursus honorum)* pour parvenir aux fonctions les plus hautes.

Les échelons de ce cursus sont, par ordre ascendant, la questure, l'édilité, la préture puis le consulat.

Les élections ont lieu généralement en juillet, et l'entrée en charge survient le 1ᵉʳ janvier de l'année suivante.

a) Les questeurs :
– élus par les comices tributes.
– âge minimum : en 180 : 28 ans, en 80 : 30 ans.
– nombre : 10, en 80 : 20, en 45 : 40.
– attributions : ce sont les trésoriers : ils gardent le Trésor, encaissent les impôts, vérifient les comptes.

b) Les édiles :
– élus par les comices tributes.
– âge minimum : en 180 : 31 ans, en 80 : 36 ans.
– nombre : 2.
– attributions : ils surveillent les marchés, veillent à l'approvisionnement en blé (l'annone), dirigent la police, organisent les jeux publics et conservent les archives.

c) Les préteurs :

— élus par les comices centuriates.

— âge minimum : en 180 : 34 ans, en 80 : 40 ans.

— nombre : de 2 à 6, en 80 : 8.

— attributions : ils ont un rôle judiciaire, organisent les procès et président les tribunaux. Ils peuvent aussi commander une armée, convoquer le Sénat et les comices, proposer des lois et gouverner une province comme propréteurs.

d) Les consuls :

— élus par les comices centuriates.

— âge minimum : en 180 : 37 ans, en 80 : 43 ans.

— nombre : 2.

— attributions : ils sont responsables de l'ensemble de la politique, convoquent et président le Sénat et les comices centuriates, font exécuter les décisions du Sénat et des assemblées. Ils recrutent l'armée et dirigent les opérations militaires. Sorti de sa fonction, le consul est nommé, en principe pour cinq ans, proconsul, c'est-à-dire gouverneur d'une province. Il doit attendre dix ans avant de pouvoir se représenter au consulat.

Les autres magistratures ne relèvent pas du *cursus honorum*.

a) Les tribuns de la plèbe :

— élus par les comices tributes.

— âge minimum : 27 ans.

— nombre : 10.

— attributions : le tribunat de la plèbe est né de la célèbre sécession de 494. À l'origine, les tribuns ne sont pas de véritables magistrats. Ils défendent les intérêts des plébéiens. Ils ne peuvent quitter Rome, sont inviolables et jouissent du droit d'intercession, c'est-à-dire de veto, sauf à l'égard des décisions des censeurs. Ils peuvent faire arrêter et mettre en prison tous les magistrats, sauf le dictateur. Ils convoquent et président les assemblées du peuple et les comices tributes.

b) Les censeurs :

– élus par les comices centuriates pour dix-huit mois, tous les cinq ans.

– âge minimum : 44 ans.

– nombre : 2.

– attributions : les censeurs ont d'abord pour mission d'effectuer le recensement des citoyens, de dresser l'état des fortunes et de répartir les électeurs sur les listes des tribus et des centuries. Ils procèdent aussi au recrutement des sénateurs. Ils surveillent les dépenses de l'État et s'occupent des adjudications. Ils ont aussi en charge les mœurs publiques et privées, et distribuent des blâmes qui peuvent provoquer l'exclusion du Sénat ou de l'ordre équestre.

c) Le dictateur :

En cas de crise, le Sénat peut désigner un dictateur choisi parmi les anciens consuls. Il exerce tous les pouvoirs pour une période de six mois. Cette procédure a été abandonnée depuis la fin du IIIe siècle. Quand la dictature sera accordée à Sylla ou à César, elle le sera hors des règles anciennes.

Certaines magistratures sont dites « curules », parce que leurs titulaires ont droit à la chaise curule (en ivoire, les pieds en X). Il s'agit de la préture, du consulat, de la censure et de la dictature.

2. Le Sénat

a) Sa nature :

C'est un organe consultatif qui ne se réunit que lorsqu'il est convoqué par un magistrat. Mais sa consultation est nécessaire.

b) Sa composition :

À l'origine formé de patriciens, il accueille dès le IVe siècle des plébéiens riches. En 179, sur les 304 membres, 88 seulement sont patriciens. Sylla porte leur nombre à 600 en y introduisant des chevaliers ; et César, à 900.

Les sénateurs sont recrutés par les censeurs. Ce sont principalement les anciens magistrats, et la fonction n'est ni élective ni héréditaire. L'âge requis, 46 ans, passe à 30 ans sous Sylla.

Depuis 218, il est interdit aux sénateurs de se livrer à une activité commerciale.

c) Les séances du Sénat se déroulent généralement dans la Curie, mais peuvent aussi se tenir dans un temple. L'avis du Sénat est consigné sous la forme d'un sénatus-consulte.

d) Ses compétences :

– Il contrôle les magistrats et accorde les triomphes.

– Il approuve les lois votées par les comices et donne son avis sur les projets de loi.

– Il répartit les commandements.

– Il décide du *tributum* (l'impôt) et fixe les dépenses.

– Il dirige les affaires étrangères.

3. Les comices

Les comices sont les assemblées populaires au sein desquelles vote le citoyen romain. On distingue les comices curiates, les comices centuriates et les comices tributes.

a) Les comices curiates : datant de l'époque royale et réunissant les patriciens, ils perdent toute importance à l'époque républicaine.

b) Les comices centuriates :

– Selon leur fortune, les citoyens romains sont répartis en cinq classes censitaires. Chaque classe comporte un certain nombre de centuries, composées de façon fort inégales. Il y a, en tout, 193 centuries, dont 18 centuries équestres, et la 1re classe, celle des citoyens les plus riches, compte 80 centuries, ramenées à 70 au IIIe siècle, alors que les classes pauvres, beaucoup plus fournies, ont moins de centuries : 20 pour la 4e classe, 30 pour la 5e classe. Comme chaque centurie comptait pour une voix, les plus fortunés étaient surreprésentés par rapport aux pauvres.

– Leurs compétences :

– Ils élisent les magistrats *cum imperio*, c'est-à-dire les préteurs et les consuls, ainsi que les censeurs.

– Ils votent les lois.

– Ils jouent le rôle de cour d'appel.

c) Les comices tributes :

– Les tribus marquent une division géographique : il y avait 4 tribus urbaines et 17 tribus rurales. Au milieu du IIIe siècle, le nombre de tribus rurales atteint 31.

– Leurs compétences :

– Ils élisent les magistrats inférieurs (édiles, questeurs) et les tribuns de la plèbe.

– Ils votent les lois proposées par un magistrat.

– Ils jugent certains délits.

LES CLASSES SOCIALES À ROME

1) Les patriciens

Ce sont les citoyens qui appartiennent à une *gens*, c'est-à-dire qui se réclament d'un ancêtre commun. Ce sont les plus anciennes familles de Rome, comme la *gens* Cornelia, la *gens* Aemilia, la *gens* Julia, à laquelle appartenait César.

2) Les plébéiens

Leur histoire est celle d'une longue lutte pour obtenir l'égalité avec les patriciens, qui commence avec la célèbre sécession sur l'Aventin en 494, à la suite de laquelle ils obtiennent le droit d'être représentés par des tribuns. Au IIIe siècle, l'égalité des droits est théoriquement (sinon pratiquement) acquise. Il se crée peu à peu une aristocratie, moins fondée sur l'origine que sur la richesse.

3) Les chevaliers

Ce sont à l'origine ceux qui ont reçu de l'État un « cheval public », c'est-à-dire de quoi acheter un cheval pour servir dans la cavalerie. Par la suite, ce sont ceux qui, à partir du IIe siècle, ont été choisis par les censeurs pour faire partie de l'ordre équestre parce qu'ils ont une bonne moralité et un cens minimum de 400 000 sesterces. Il s'agit souvent de riches propriétaires, d'hommes d'affaires et de fermiers de l'État, les publicains. Depuis Caius Gracchus, en 123, ils ont obtenu d'occuper des fonctions de juges. Mais ils ne peuvent être sénateurs, depuis qu'une loi, en 218, interdit à ceux-ci de faire du commerce.

BIOGRAPHIES DES AUTEURS

Appien (95-160). Né à Alexandrie, de nationalité grecque, il vient à Rome et obtient, avec Hadrien, la citoyenneté romaine, ainsi que le statut de chevalier. D'abord avocat, il deviendra haut fonctionnaire, et procurateur du fisc sous Antonin. Il composa en grec plusieurs ouvrages, dont une *Histoire romaine* en 24 livres et *La Guerre de Mithridate*. Sa méthode est originale. Plutôt que de s'en tenir à une composition strictement chronologique, il préfère tracer le tableau des différentes nations depuis leur premier contact avec Rome jusqu'à leur absorption dans l'Empire romain. Il est le seul historien dont on ait gardé le récit complet de tous les événements qui se sont déroulés à Rome, des Gracques jusqu'à Sylla. Appien a le mérite de discerner l'importance du contexte économique et social sur le cours de la vie politique. Dans son histoire des *Guerres civiles*, il se montre généralement hostile à Cicéron.

Dion Cassius (vers 155-vers 235). Ce Bithynien né à Nicée, d'une illustre famille, connut une brillante carrière politique, puisqu'il fut le familier de l'empereur Septime Sévère ; il fut deux fois consul, en 205 et en 229. Il composa une monumentale histoire romaine en 80 livres, des origines à Septime Sévère, dont 25 nous sont parvenus intacts sur la période de 68 à 47. Ayant un goût prononcé pour les longs discours qu'il prête aux personnages historiques, et pour les scènes dramatiques, il s'inscrit dans la tradition de Thucydide. Son œuvre présente l'intérêt majeur d'être une des seules qui nous restent sur la crise républicaine du Ier siècle av. J.-C., et l'auteur se garde de prendre rétrospectivement parti entre Pompée et César.

Lucain (39-65 ap. J.-C.). Né à Cordoue, Lucain était le neveu de Sénèque. À Rome, il devient l'ami du jeune Néron, mais bientôt il est la victime de la jalousie littéraire de l'empereur, qui lui interdit de publier ses œuvres. Compromis dans la conjuration de Pison, il doit s'ouvrir les veines à 26 ans. D'une œuvre poétique abondante, il nous reste *La Pharsale*, qui narre, en hexamètres dactyliques, la guerre civile entre César et Pompée. Lucain oscille en permanence entre le réalisme et le merveilleux, et l'écriture est souvent ampoulée.

Plutarque (vers 46-vers 125). Il est né à Chéronée, en Béotie. Après avoir suivi des cours de rhétorique à Athènes, il séjourna à Rome et en Égypte avant de revenir à Chéronée, où il exerça avec conscience la fonction d'archonte dans sa ville ainsi que celle de prêtre d'Apollon à Delphes. Très prolixe, il composa 130 livres, dont 83 nous sont parvenus. On a coutume de retenir les biographies et les œuvres morales, mais il aborde de nombreux domaines : philosophie, théologie, sciences naturelles, rhétorique… Dans ses biographies, *Vies parallèles*, 23 au total, qui associent un Grec et un Romain, Plutarque estime que la vie des hommes illustres offre aux lecteurs des modèles lui permettant de réfléchir sur le sens d'une activité humaine qui doit être éclairée par une morale pragmatique où la piété et le bon sens ont une place prépondérante. Plutarque est un historien particulièrement intéressant pour l'histoire romaine au Ier siècle av. J.-C., puisqu'il a consacré des études à Pompée, à Marius, à Sylla, à Caton le Jeune, à César, à Cicéron.

Salluste (vers 87-36). Né à Amiternum, en Sabine. Questeur en 55, il est élu en 52 tribun du peuple et s'en prend violemment à Cicéron. Exclu du Sénat pour immoralité en 50, il commandera une flotte césarienne en Illyrie et sera défait par les pompéiens. Réintégré par César au Sénat en 48, il sera proconsul en Afrique, où il fera une fortune scandaleuse. Retiré de la vie politique après l'assassinat de César en 44, il rédigera l'histoire de *La Conjuration de Catilina*, *La Guerre de Jugurtha*, et des *Histoires* dont il ne reste que quelques extraits. On a souvent souligné l'acuité et l'originalité de ses analyses. Comme Thucydide, il entend expliquer les événements politiques et éclairer les motivations des acteurs. Bien qu'ayant été un protagoniste engagé il sait garder une certaine objectivité qui rend son témoignage particulièrement intéressant.

Tacite (entre 55 et 57 – entre 116 et 120). Servi par de brillants talents d'orateur, son amitié avec Pline le Jeune et un mariage avantageux, Tacite, né dans une famille de rang équestre de la Gaule narbonnaise, devint consul en 97 puis proconsul d'Asie en 112-114. Il disparaît ensuite, comme son grand ami Pline le Jeune, et meurt sans doute au début du règne d'Hadrien. Sa carrière d'écrivain commence par un essai consacré à la rhétorique, le *Dialogue des orateurs*, où il s'interroge sur les causes de la décadence de l'art oratoire et sur ses raisons d'être sous le régime impérial où l'empereur détenait la plupart des pouvoirs. Suivent deux brèves monographies, une apologie de son beau-père, Agricola, et un essai ethnographique sur la Germanie. C'est ensuite que Tacite écrit ses deux chefs-d'œuvre, les *Histoires*, qui retracent les destinées de Rome du règne de Galba (3-69) au règne de Domitien (51-96), et les *Annales* qui remontent plus loin dans le passé, de Tibère à Néron.

Velleius Paterculus (vers 19 av. J.-C. - vers 31 ap. J.-C.). Issu d'une vieille famille campanienne, il sera tribun militaire en Thrace et en Macédoine, puis légat de Tibère en Germanie.

À Rome, il sera questeur en 6 ap. J.-C., puis préteur en 15.
Il va composer une *Histoire romaine* en deux volumes, depuis
les origines jusqu'au règne de Tibère. Son œuvre reflète la
rhétorique de l'époque mais est marquée par des raccourcis
vigoureux et par des portraits remarquables. Il évoquera
avec chaleur la mémoire de Cicéron.

BIBLIOGRAPHIE

Les traductions des auteurs anciens sont extraites d'ouvrages publiés aux éditions Les Belles Lettres.

La traduction des extraits des livres 36, 38, 39, 44 et 46 de l'*Histoire romaine* de Dion Cassius provient de l'édition Didot de 1864.

CICÉRON

Dans la collection des Universités de France :

Aratea. Fragments poétiques. Texte établi et traduit par J. Soubiran. 1972, 2ᵉ tirage 2002.

Brutus. Texte établi et traduit par J. Martha. 1923, 6ᵉ tirage 2003.

Caton l'ancien. De la vieillesse. Texte établi et traduit par P. Wuilleumier. 1961, 7ᵉ tirage 2011.

Correspondance

Tome I : *Lettres I-LV.* (68-59 av. J.-C.). Texte établi et traduit par L.-A. Constans. 1934, 7ᵉ tirage 2002.

Tome II : *Lettres LVI-CXXI.* (58-56). Texte établi et traduit par L.-A. Constans. 1935, 6ᵉ tirage 2002.

Tome III : *Lettres CXXII-CCIV.* (55-51). Texte établi et traduit par L.-A. Constans. 451 p. (1936) 7e tirage 2002.

Tome IV : *Lettres CCV-CCLXXVIII* (51-50). Texte établi et traduit par L.-A. Constans et J. Bayet. 1951, 4ᵉ tirage 2002.

Tome V : *Lettres CCLXXIX-CCLXXXIX.* (50-49). Texte établi et traduit par J. Bayet. 1964, 3ᵉ tirage revu et corrigé par J. Beaujeu et P. Jal 1983, 4ᵉ tirage 2002.

Tome VI : *Lettres CCCXC-CCCCLXXVII.* (mars 49 - avril 46). Texte établi, traduit et annoté par J. Beaujeu. 1993, 2ᵉ tirage 2002.

Tome VII : *Lettres. CCCCLXXVIII-DLXXXVI.* (avril 46 - février 45). Texte établi, traduit et annoté par J. Beaujeu. 1980, 3ᵉ tirage 2002.

Tome VIII : *Lettres. DLXXXVII-DCCVI.* (mars 45 - août 45). Texte établi, traduit et annoté par J. Beaujeu. 1983, 2ᵉ tirage 2002.

Tome IX : *Lettres. DCCVII-DCCCIII* (septembre 45 - août 45). Texte établi, traduit et annoté par J. Beaujeu. 1988, 2ᵉ tirage 2002.

Tome X : *Lettres DCCCIV-DCCCLXVI* (19 août 44 - 25 avril 43). Texte établi et traduit par J. Beaujeu. 1991, 2ᵉ tirage 2002.

Tome XI : *Lettres DCCCLXVII-DCCCCLI* (27 avril 43 - mi-juillet 43). Index général. Texte établi, traduit et annoté par J. Beaujeu. 1996, 2ᵉ tirage 2002.

De l'invention. Texte établi et traduit par G. Achard. 1994, 2ᵉ tirage 2002.

De l'Orateur

Tome I : *Livre I.* Texte établi et traduit par E. Courbaud. 1922, 8ᵉ tirage 2002.

Tome II : *Livre II.* Texte établi et traduit par E. Courbaud. 1928, 6ᵉ tirage 2009.

Tome III : *Livre III.* Texte établi par H. Bornecque et traduit par H. Bornecque et E. Courbaud. Index. 1930, 6ᵉ tirage 2010.

Des termes extrêmes des Biens et des Maux. Texte établi et traduit par J. Martha.

Tome I : *Livres I-II.* 1ʳᵉ édition 1928, 5ᵉ édition revue, corrigée et augmentée par C. Lévy 1990. 3ᵉ tirage de la 5ᵉ édition 2002.

Tome II : *Livres III-V.* Index. 1930, 5ᵉ édition revue et corrigée par C. Rambaux, 1989. 3ᵉ tirage de la 5ᵉ édition 2002.

Les Devoirs. Texte établi et traduit par M. Testard.

Tome I : *Livre I.* 1965, 4ᵉ tirage 2009.

Tome II : *Livres II-III.* Index. 1970, 4ᵉ tirage 2010.

Discours.

Tome I : *Pour P. Quinctius. - Pour Sex. Roscius d'Amérie - Pour Q. Roscius le Comédien.* Texte établi et traduit par H. de La Ville de Mirmont et J. Humbert. Notices juridiques par E. Cuq. 1921, 5ᵉ tirage 2002.

Tome I, 2ᵉ partie : *Pour Sextus Roscius.* Nouvelle édition. Texte établi, traduit et commenté par F. Hinard, avec la collaboration, pour la notice et les notes, de Y. Benferhat. Index. 2006.

Tome II : *Pour M. Tullius. - Discours contre Q. Caecilius, dit «La Divination». - Première action contre C. Verrès. - Seconde action contre C. Verrès. - Livre I. La Préture urbaine.* Texte établi et traduit par H. de La Ville de Mirmont. 1922, 2ᵉ tirage 2002.

Tome III : *Seconde action contre C. Verrès. - Livre II. La Préture de Sicile.* Texte établi et traduit par H. de La Ville de Mirmont. 1ʳᵉ édition 1936, 2ᵉ édition 1960. 2ᵉ tirage de la 2ᵉ édition 2002.

Tome IV : *Seconde action contre C. Verrès. - Livre III. Le Froment.* Texte établi et traduit par H. de La Ville de Mirmont avec la collaboration de J. Martha. 1925, 2ᵉ tirage de la 3ᵉ édition 2002.

Tome V : *Seconde action contre Verrès. - Livre IV. Les Œuvres d'art.* Texte établi par H. Bornecque et traduit par G. Rabaud. 1927, 7ᵉ tirage revu et corrigé par Ph. Moreau 1991. 9ᵉ tirage 2008.

Tome VI : *Seconde action contre C. Verrès. - Livre V. Les Supplices.* Texte établi par H. Bornecque et traduit par G. Rabaud. 1929, 5ᵉ tirage 2002.

Tome VII : *Pour M. Fonteius. - Pour A. Cécina. - Sur les pouvoirs de Pompée.* Texte établi et traduit par A. Boulanger. 1929, 5ᵉ tirage 2002.

Tome VIII : *Pour Cluentius*. Texte établi et traduit par P. Boyancé. 1954, 3ᵉ tirage 2002.

Tome IX : *Sur la loi agraire. - Pour C. Rabirius*. Texte établi et traduit par A. Boulanger. 1ʳᵉ édition 1932, 2ᵉ édition 1960. 2ᵉ tirage de la 2ᵉ édition 2002.

Tome X : *Catilinaires*. Texte établi par H. Bornecque et traduit par E. Bailly. 1926, 14ᵉ tirage 2011.

Tome XI : *Pour L. Muréna. - Pour P. Sylla*. Texte établi et traduit par A. Boulanger. 1943, 2ᵉ tirage 2002.

Tome XII : *Pour le poète Archias*. Texte établi et traduit par F. Gaffiot. - *Pour L. Flaccus*. Texte établi et traduit par A. Boulanger. 1938, 5ᵉ tirage revu, corrigé et augmenté par Ph. Moreau 1989. 6ᵉ tirage 2002.

Tome XIII, 1ʳᵉ partie : *Au Sénat. - Au peuple. - Sur sa maison*. Texte établi et traduit par P. Wuilleumier. 1952, 2ᵉ tirage 2002.

Tome XIII, 2ᵉ partie : *Sur la réponse des haruspices*. Texte établi et traduit par P. Wuilleumier et A. M. Tupet. Index. 1966, 2ᵉ tirage 2002.

Tome XIV : *Pour Sestius. - Contre Vatinius*. Texte établi et traduit par J. Cousin. Index des lois. 1966, 2ᵉ tirage revu, corrigé et augmenté par Ph. Moreau 1995. 3ᵉ tirage 2002.

Tome XV : *Pour Caelius. - Sur les provinces consulaires. - Pour Balbus*. Texte établi et traduit par J. Cousin. 1962, 5ᵉ tirage 2008.

Tome XVI, 1ʳᵉ partie : *Contre Pison*. Texte établi et traduit par P. Grimal. 1966, 2ᵉ tirage 2002.

Tome XVI, 2ᵉ partie : *Pour Cn. Plancius. - Pour Aemilius Scaurus*. Texte établi et traduit par P. Grimal. 1976, 2e tirage 2002.

Tome XVII : *Pour C. Rabirius Postumus. - Pour T. Annius Milon*. Texte établi et traduit par A. Boulanger. 1949, 5ᵉ tirage 2003.

Tome XVIII : *Pour Marcellus. - Pour Ligarius. - Pour le roi Déjotarus*. Texte établi et traduit par M. Lob. 1952, 3ᵉ tirage 2002.

Tome XIX : *Philippiques I-IV*. Texte établi et traduit par A. Boulanger et p. Wuilleumier. 1959, 6ᵉ tirage 2002.

Tome XX : *Philippiques V-XIV*. Texte établi et traduit par P. Wuilleumier. Index. 1960, 4ᵉ tirage 2002.

Divisions de l'Art oratoire. - Topiques. Texte établi et traduit par H. Bornecque. Index. 1924, 4ᵉ tirage 2002.

Lélius. De l'amitié. Texte établi et traduit par R. Combès. Index. 1ʳᵉ édition 1928. 2e édition 1968. 3ᵉ tirage 2011.

L'Orateur. Du meilleur genre d'orateurs. Texte établi et traduit par A. Yon. Index. 1964, 3ᵉ tirage 2008.

Les Paradoxes des Stoïciens. Texte établi et traduit par J. Molager. Index. 1971, 2ᵉ tirage 2002.

La République. Texte établi et traduit par E. Bréguet.

Tome I : *Livre I.* 1ʳᵉ édition 1921. 2ᵉ édition 1980. 3ᵉ tirage 2002.

Tome II : *Livres II-VI.* Index. Plans. 1ʳᵉ édition 1921. 2ᵉ édition 1980. 2ᵉ tirage revu, corrigé et complété d'un appendice bibliographique par G. Achard 1989. 4ᵉ tirage 2002.

Traité des Lois. Texte établi et traduit par G. de Plinval. 1959, 3ᵉ tirage 2002.

Traité du Destin. Texte établi et traduit par A. Yon. Index. 1933. 6ᵉ tirage revu et corrigé par F. Guillaumont 1997. 7ᵉ tirage 2002.

Tusculanes. Texte établi par G. Fohlen et traduit par J. Humbert.

Tome I : *Livres I-II.* Index. 1930. 5ᵉ tirage revu et corrigé par Cl. Rambaux 1997. 7ᵉ tirage 2011.

Tome II : *Livres III-V.* Index. 1931, 5ᵉ tirage 2011.

Dans la collection Classiques en poche :

L'amitié. Texte établi et traduit par F. Combes. Introduction et notes de F. Prost. 1996, 4ᵉ tirage 2011. (CP 3)

Le bien le mal. (De finibus). Livre III. Texte établi et traduit par J. Martha. Introduction et notes de M. Pigeaud. 1997, 2ᵉ tirage 2002. (CP 18)

Pour T. Annius Milon (Pro Milone). Texte établi et traduit par A. Ernout. Introduction et notes de M. Chassignet. 1999, 3ᵉ tirage 2010. (CP 39)

De la vieillesse (Caton l'Ancien). Texte établi et traduit par P. Wuilleumier. Introduction, notes et annexes de J.-N. Robert. 2003, 2ᵉ tirage 2008. (CP 62)

Pour Sextus Roscius (Pro Roscio). Texte établi et traduit par F. Hinard. Introduction, notes et annexes de J.-N. Robert. 2009. (CP 98)

Les Catilinaires. Texte établi par H. Bornecque et traduit par E. Bailly. Introduction et notes de J.-N. Robert. (CP 109)

Dans la collection La Roue à livres :

La nature des dieux. Introduction, traduction et notes par C. Auvray Assayas, 2002. 3ᵉ tirage 2009.

De la divination. Introduction, traduction et notes par G. Freyburger et J. Scheid. Préface de A. Maalouf.

Autres auteurs :

APPIEN
Histoire romaine.
Les guerres civiles à Rome. Livre I. Traduction de J.-I. Combes-Dounous revue et annotée par C. Voisin. Introduction, révision et notes de Ph. Torrens. Collection La Roue à Livres, Paris, 1993. 3ᵉ tirage 2013.

Les guerres civiles à Rome. Livre II. Traduction de J.-I. Combes-Dounous. Introduction et bibliographie de Ph. Torrens. Collection La Roue à Livres, Paris, 1993. 2ᵉ tirage 2004.

Les guerres civiles à Rome. Livre III. Introduction, traduction et notes de Ph. Torrens. Collection La Roue à Livres, Paris, 2000. 2ᵉ tirage 2004.

Les guerres civiles à Rome. Livre IV. Introduction, traduction et notes de Ph. Torrens. Collection La Roue à Livres, Paris, 2008.

LUCAIN

La Guerre civile (La Pharsale). Tome II, *livres VI-X*. Texte établi et traduit par A. Bourgery et M. Ponchont. Collection des Universités de France, Paris, 1930. 6e tirage revu et corrigé par P. Jal 1993. 7e tirage 2003.

PLUTARQUE

Vies. Texte établi et traduit par R. Flacelière et E. Chambry.
Tome XII, *Démosthène – Cicéron*. Collection des Universités de France, Paris, 1976. 2e tirage 2003.
Tome V, *Aristide – Caton l'Ancien. Philopoemen – Flamininus*. Collection des Universités de France, Paris, 1969. 2e tirage 2003.

SALLUSTE

La Conjuration de Catilina. La Guerre de Jugurtha. Fragments des Histoires. Texte établi et traduit par A. Ernout. Collection des Universités de France, Paris, 1941. 13e tirage revu et corrigé par J. Hellegouarc'h 1999. 16e tirage 2003.
La Conjuration de Catilina. Texte établi et traduit par A. Ernout. Introduction et notes de M. Chassignet. Collection Classiques en poche 38, Paris, 1999, 3e tirage 2007.

TACITE

Dialogue des Orateurs. Texte établi par H. Goelzer et traduit par H. Bornecque. Collection des Universités de France, Paris, 1936. 8e tirage 2010.

VELLEIUS PATERCULUS

Histoire romaine. Tome II, livre II. Texte établi et traduit par J. Hellegouarc'h. Collection des Universités de France, Paris, 1982. 2e tirage 2003.

Autres ouvrages :

HABICHT, Christian, *Cicéron, le politique.* Traduit de l'allemand
    par S. Bluntz. Editions Les Belles Lettres, Paris, 2013.
GRIMAL, Pierre, *Cicéron*, Fayard, Paris, 1986.
CARCOPINO, Jérôme, *Les secrets de la correspondance de Cicéron*,
    L'artisan du livre, Paris, 1948.
BOISSIER, Gaston, *Cicéron et ses amis*, Hachette, Paris,
    1865.
SYME, Ronald, *La Révolution romaine*, Gallimard, Paris,
    1967.

CARTE

TABLE

Ce volume,
le seizième
de la collection
La véritable histoire de,
publié aux Éditions Les Belles Lettres,
a été achevé d'imprimer
en mai 2013
sur les presses
de la Nouvelle Imprimerie Laballery
58500 Clamecy

N° d'éditeur : 7639 – N° d'imprimeur : 305078
Dépôt légal : juin 2013
Imprimé en France